长安大学土木工程实验教学示范中心

桥梁结构工程实验

(第2版)

主编 王 涛 邵丽霞 郑 桥

西安交通大学出版社
XI'AN JIAOTONG UNIVERSITY PRESS

内容提要

本书分基本实验、结构实验和实验报告三部分，共17个实验项目，包括混凝土结构常用仪器设备操作实验和混凝土常规结构和桥梁模型实验，主要介绍各常规实验仪器设备的基本结构及性能、实验原理、实验操作方法及数据处理方法。在介绍实验原理和方法的同时，简明扼要地阐述实验过程中的仪器操作要点及注意事项，使学生在了解实验知识的同时，加深对实验方法的掌握。

本书既可作为高等院校土木工程、道路工程、桥梁工程、隧道工程等专业的本科生"结构设计原理"课程和"桥梁工程"课程的实验指导用书，又可供相关专业技术人员培训或自学参考。

图书在版编目(CIP)数据

桥梁结构工程实验/王涛,邵丽霞,郑桥主编. —2版.
—西安:西安交通大学出版社,2016.8(2020.7重印)
ISBN 978-7-5605-8727-1

Ⅰ.①桥… Ⅱ.①王… ②邵… ③郑… Ⅲ.①桥梁结构-结构工程-工程试验 Ⅳ.①U443-33

中国版本图书馆 CIP 数据核字(2016)第157211号

书　　名	桥梁结构工程实验(第2版)
主　　编	王 涛 邵丽霞 郑 桥
责任编辑	王 欣
出版发行	西安交通大学出版社
	(西安市兴庆南路1号 邮政编码710048)
网　　址	http://www.xjtupress.com
电　　话	(029)82668357　82667874(发行中心)
	(029)82668315(总编办)
传　　真	(029)82668280
印　　刷	西安日报社印务中心
开　　本	787mm×1092mm　1/16　印张 10.75　字数 259千字
版次印次	2016年8月第2版　2020年7月第5次印刷
书　　号	ISBN 978-7-5605-8727-1
定　　价	21.00元

读者购书、书店添货如发现印装质量问题，请与本社发行中心联系、调换。
订购热线:(029)82665248　(029)82665249
投稿热线:(029)82664954
读者信箱:1410465857@qq.com

版权所有　侵权必究

Foreword 前言

　　桥梁结构工程实验是一个重要的实践性教学环节，是一项综合性专业能力训练，与"结构设计原理"和"桥梁工程"课程的学习密不可分。

　　为了适应近些年实验室建设快速发展的形式，同时保证学生独立、系统、完整地完成实验内容，并取得良好的教学效果，根据教学大纲要求，我们特编写《桥梁结构工程实验》，本书是保证学生按照实验要求顺利完成实验内容的指导性教材。

　　本实验课程在学习桥梁工程专业相关知识的基础上，结合现今桥梁结构工程检测的众多实验，主要介绍桥梁结构工程的相关实验，包含基本实验和结构实验两部分内容，其中基本实验11个，结构实验6个。各个实验主要介绍实验目的、实验内容、实验仪器和器材、实验方法及步骤、实验数据处理和注意事项等内容，每个实验最后还都留有思考题供学生课后思考学习。

　　本指导书在编写过程中得到长安大学实管处、公路学院的大力支持和帮助，在此表示衷心感谢。

　　由于作者水平有限，书中难免存在疏漏和不当之处，请读者批评指正。

编　者

2016 年 6 月

Contents 目录

绪 论 ………………………………………………………………………………… (1)

第一部分 基本实验

实验一 裂缝宽度观测仪标定与使用 ………………………………………… (3)
实验二 百分表的标定与使用 ………………………………………………… (5)
实验三 钢筋直径/保护层厚度测试仪的使用 ………………………………… (8)
实验四 电阻应变片的粘贴实验 ……………………………………………… (16)
实验五 静态电阻应变仪操作实验 …………………………………………… (21)
实验六 混凝土碳化深度检测实验 …………………………………………… (31)
实验七 回弹法测定混凝土强度 ……………………………………………… (34)
实验八 钻芯法测定混凝土强度 ……………………………………………… (43)
实验九 超声法检测混凝土强度 ……………………………………………… (47)
实验十 超声回弹综合法检测混凝土强度 …………………………………… (51)
实验十一 超声法检测混凝土缺陷 …………………………………………… (53)

第二部分 结构实验

实验十二 钢筋混凝土适(超)筋梁破坏实验 ………………………………… (67)
实验十三 钢筋混凝土柱偏心受压破坏实验 ………………………………… (70)
实验十四 T形梁桥荷载横向分布系数实验 ………………………………… (73)
实验十五 无铰拱桥模型受力分析实验 ……………………………………… (76)
实验十六 桥梁结构静力荷载实验 …………………………………………… (79)
实验十七 桥梁结构基本动力参数测试实验 ………………………………… (86)

第三部分 实验报告

实验一 裂缝宽度观测仪标定与使用 ………………………………………… (89)
实验二 百分表的标定与使用 ………………………………………………… (91)

实验三　钢筋直径/保护层厚度测试仪的使用……………………………（93）
实验四　电阻应变片的粘贴实验………………………………………（95）
实验五　静态电阻应变仪操作实验……………………………………（97）
实验六　混凝土碳化深度检测实验……………………………………（99）
实验七　回弹法测定混凝土强度………………………………………（103）
实验八　钻芯法测定混凝土强度………………………………………（107）
实验九　超声法检测混凝土强度………………………………………（111）
实验十　超声回弹综合法检测混凝土强度……………………………（113）
实验十一　超声法检测混凝土缺陷……………………………………（117）
实验十二　钢筋混凝土适(超)筋梁破坏实验…………………………（123）
实验十三　钢筋混凝土柱偏心受压破坏实验…………………………（129）
实验十四　T形梁桥荷载横向分布系数实验…………………………（135）
实验十五　无铰拱桥模型受力分析实验………………………………（139）
实验十六　桥梁结构静力荷载实验……………………………………（147）
实验十七　桥梁结构基本动力参数测试实验…………………………（155）
附表　回弹法测区混凝土强度换算表………………………………（159）
参考文献………………………………………………………………（166）

绪 论

一、课程内容

"结构设计原理"和"桥梁工程"课程的学习与实验密不可分。本实验课程在学习桥梁工程专业相关知识的基础上,根据教学大纲要求,结合目前桥梁结构工程检测的众多实验,主要介绍桥梁结构工程的相关实验方法,包含基本实验和结构实验两大部分实验内容。

二、课程目的

本实验课程的教学目标是培养学生动手能力,了解众多桥梁结构工程实验的目的、内容、依据,掌握桥梁上、下部结构实验的基本原理、仪器设备和操作方法,熟悉现代桥梁结构工程实验方法,巩固所学桥梁方面的专业知识,同时为以后从事桥梁实验、检测等相关方面工作打下坚实基础。

三、实验注意事项

为了确保人身、实验仪器和实验设备安全,保证实验的顺利进行,达到预期的目的,必须注意以下几点。

1.做好实验前的准备工作

(1)预习实验指导书,明确本次实验的目的、方法、步骤和注意事项;

(2)预习与本次实验有关的基本原理和其他有关参考资料等;

(3)对实验中所用到的仪器、设备,实验前应有一定的熟悉和了解;

(4)必须清楚地知道本次实验所需记录的项目及数据处理方法,事先做好记录表格等准备工作;

(5)除了解指导书中所提方案外,应多设想一些其他方案。

2.遵守实验室的规章制度

(1)严肃认真,保持安静;

(2)爱护设备及仪器,严格遵守操作规程;

(3)非本次实验所用设备及仪器切勿随意动用;

(4)实验完毕后,应将设备和仪器擦拭干净,并恢复到原来正常状态。

3.认真做好实验

(1)认真听取教师讲解;

(2)清点有关实验用设备、仪表和器材；

(3)应以严谨科学的态度，认真细致地按照要求的实验方法和步骤进行；

(4)对于带电或贵重的设备及仪器，在接线或布置完成时，应经教师检查通过后，方可开始实验；

(5)实验过程中，应密切观察实验现象，随时进行分析，若发现异常，应及时向老师报告；实验过程还应注意采取防护措施，确保人身、仪器和设备的安全；

(6)记录下全部所需测量数据，以及仪器型号、精度、量程、试件的尺寸、材料标号、保护层厚度、钢筋含量和规格等；如果实验结果与温度有关，还应记录温度、湿度等；应有实事求是的态度和严谨的科学作风，不得对原始数据随意进行修改；

(7)教学实验是培养学生动手能力的一个重要环节，在实验小组中虽有一定分工，但每个学生都必须自己动手，相互交流，完成全部实验环节；

(8)如学生希望观察一些与本实验有关的其他现象，或用另外方案进行实验，在完成本实验规定项目后，经教师同意可以进行。

4.写好实验报告

实验报告是实验的总结，通过书写实验报告，可以提高分析问题的能力，因此必需独立完成。报告要求整洁清楚，要有分析和自己的观点，并进行讨论。

一般实验报告应具有下列内容：

(1)实验名称，实验日期，实验者及同组成员；

(2)实验目的；

(3)实验的基本原理、方法和步骤；

(4)设备和仪器型号、精度、量程等；

(5)实验数据及其处理(应包括全部原始数据，并注明测量单位，最好以表格形式列出数据的运算过程，并根据数据处理和误差分析的要求给出实验误差)，将所得的实验结果作出曲线或给出经验公式；

(6)应根据实验结果及实验中观察到的现象，结合基本原理进行分析讨论，如实验涉及的问题有理论解，则应与计算结果进行比较，并提出见解。

第一部分 基本实验

实验一 裂缝宽度观测仪标定与使用

一、实验目的

(1) 掌握裂缝宽度观测仪的使用方法；
(2) 掌握裂缝宽度观测仪的标定方法；
(3) 能够使用裂缝宽度观测仪对实际裂缝进行观测。

二、实验器材

(1) 裂缝宽度观测仪（见图 1-1-1，主要由手持彩色液晶屏主机和显微放大测量头构成）；
(2) 存在多条不同宽度裂缝的混凝土试件。

图 1-1-1

三、实验仪器性能及使用方法

1. 技术参数（见下表）

测量头规格	1 mm	2 mm	3 mm
测量范围/mm	0.01~1.00	0.02~2.00	0.03~3.00
最小刻度/mm	0.01	0.02	0.03
估读精度/mm	0.005	0.01	0.015

2. 软件测量

相对精度优于 5‰；

使用电压：主机——3.7V 锂电池；测量头——12V 锂电池；

尺寸：主机 98×80×18，测量头 36×34×58；

重量：主机 150 g，测量头 120 g。

3. 仪器标定原理

将测量头的两尖脚对准校验刻度板上下边缘的两条基准线，在屏幕上即可看到标准刻度的 2 mm 刻度线。调整测量头的位置，使放大后标准 2 mm 刻度的图像与屏幕上 2 mm 刻度线重合，若误差不超过 0.02 mm，则说明仪器放大倍数属于正常使用范畴，无需标定。

4. 使用方法

将测量头的两尖脚紧靠被测裂缝，即可在液晶屏上看到被放大的裂缝，微调测量头的位置使裂缝尽量与刻度基线垂直，根据裂缝所占刻度线的多少判读出裂缝宽度。

四、实验步骤

(1) 对裂缝宽度观测仪进行标定，使其满足正常使用要求。

(2) 用裂缝宽度观测仪测量混凝土试件不同裂缝的宽度。

五、实验数据处理

在实验过程中记录每条裂缝的宽度，实验结束后整理所有实验数据。

六、注意事项

在读取裂缝宽度时，应确保液晶屏上裂缝与刻度基线垂直，以减小测量误差。

七、思考题

(1) 使用裂缝宽度观测仪时应注意哪些问题？

(2) 在实际桥梁检测中，由于桥下净空过高等原因限制，导致测量人员无法接触梁底时，该如何观测主梁底部裂缝宽度？

实验二　百分表的标定与使用

一、实验目的

(1)掌握百分表的标定方法；
(2)掌握百分表的工作原理和使用方法；
(3)能够使用百分表测量构件位移。

二、实验器材

(1)机械式百分表；
(2)磁性表座；
(3)支架；
(4)混凝土梁试件；
(5)液压千斤顶及手动油泵。

三、实验仪器性能及使用方法

1. 仪表性能

百分表是用来测量位移和变形的仪表。它的量程一般为 10 mm、30 mm 和 50 mm，最小刻度为 1/100 mm。主要由表体部分、传动系统和读数装置三部分组成，其基本构造见图 1-2-1。

2. 仪器标定方法

仪器标定时从受检表零刻线开始，0～10 mm 测量段内，每 20 个分度检一点，10 mm 以上的测量段内 50 个分度检一点，直至工作行程终点。然后继续压缩受检表 20 个分度，再反方向检定各受检点，直至回到零位，如图 1-2-2 所示。

3. 百分表安装

使用时，百分表装在表座上(目前大都采用磁性表座)，表架安装在临时专门搭设的支架上。支架应具有一定的刚度，并与被测结构物分开，如图 1-2-3 所示。

4. 量测变形

将测杆触头抵在测点上，借助弹簧，使其接触紧密。当测点沿测杆方向(或背向)发生位移时，推动(或放松)测杆，使测杆的平齿带动小齿轮，小齿轮又和与它同轴的大齿轮一起转动，最后使指针齿轮和指针旋转，经过一系列放大之后，便在表盘上指示出位移值。

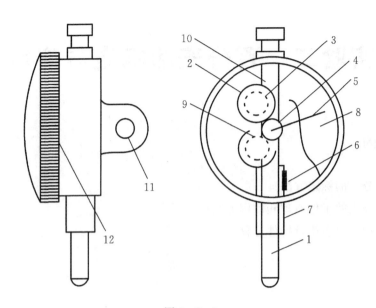

图1-2-1

1—测杆；2—小齿轮；3—扇形齿轮；4—中央齿轮；5—长针；6—弹簧；
7—轴颈；8—躯体；9—扇形齿轮；10—平齿；11—孔环；12—表盘

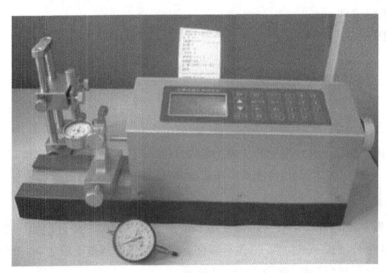

图1-2-2

四、实验步骤

(1)对百分表进行标定,使其满足正常使用要求。

(2)将百分表安装在磁性表座上,再将磁性表座安装在支架上,百分表的测杆触头抵在混凝土梁的跨中部位。

(3)通过手动油泵进行加载。本实验采用分级加载的方式,通过百分表读出混凝土梁在不

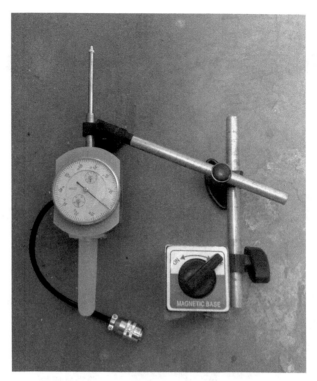

图1-2-3

同荷载作用下跨中部位的竖向位移。

五、实验数据处理

实验过程中记录各级外荷载作用下百分表相应的读数,实验结束后整理所有实验数据。

六、注意事项

(1)百分表的测杆触头在抵住测点时,需注意测杆回缩量不能太大,以防还未加载结束,百分表已超限。

(2)测量时应确保百分表的测杆垂直于被测试件的表面,试件被测点处应平整光滑。

七、思考题

(1)使用百分表时应注意哪些问题?
(2)测量时为何不将百分表直接固定在混凝土梁试件上?
(3)测量时支架为何要与被测结构物分开?如果支架与被测构件连接在一起对测量结果有什么影响?

实验三　钢筋直径/保护层厚度测试仪的使用

一、实验目的

(1)掌握钢筋直径/保护层厚度测试仪的使用方法；
(2)能够使用钢筋直径/保护层厚度测试仪来定位钢筋、检测保护层厚度和钢筋直径。

二、实验器材

(1)Profometer5 型钢筋直径/保护层厚度测试仪(见图 1-3-1,主要由显示器、路径感应轮和多功能探头构成)。
(2)钢筋混凝土试件。

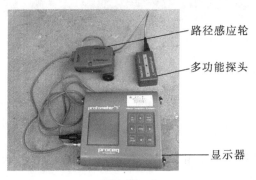

图 1-3-1

三、实验仪器性能及使用方法

1. 仪器描述

Profometer5 是一种轻便、精巧的仪器,能无损地检测钢筋的位置、保护层厚度和钢筋直径,检测方法基于涡流和脉冲原理,分为 S 型和 Scanlog 型两种型号。

(1)多功能探头:多功能探头的使用具有方向性,当它与钢筋轴向平行时最灵敏,与钢筋轴向垂直时最不灵敏,故使用时探头方向应该和钢筋轴向平行。多功能探头有小范围和大范围之分,使用←→箭头可以在两种检测范围之间切换。此外,多功能探头能自动补偿混凝土中磁性骨料或特种水泥磁性成分的影响。

(2)路径感应轮:对于 Scanlog 型,路径感应轮可以用来做网格扫描和灰度显示,而对 S 型,它只能用于夹带多功能探头(可使多功能探头免于直接与表面接触而受损),无其他功能。

2. 技术参数

(1)带不丢失内存,可存储 63 个编号,共计 40000 个测试值;

(2)128×128 的 LCD 数字显示器;

(3)带 RS-232 接口;

(4)打印统计值和下载到 PC 机的软件;

(5)6 节 LR6、1.5V 电池,操作时间为 45 小时;

(6)工作温度为 -10~60℃。

3. 仪器设置

Profometer5 有菜单辅助功能,按照显示屏上的菜单操作即可。按"MENU"键,出现如图 1-3-2 所示界面。

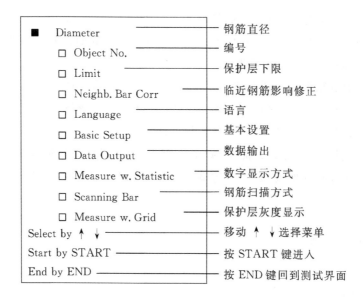

图 1-3-2

(1)钢筋直径:测保护层厚度时,要先设置钢筋直径。将黑色光标移到第 1 项"Bar Diameter"上,按 START 进入该选项。按↑↓键调整钢筋直径,直径范围为 2~50 mm。

(2)编号:测试前先设定编号,根据检测方式的不同编号的首位也不相同。

a. 使用"Measure w. Statistic"(数字方式)检测,第一个数值设为 1;

b. 使用"Scanning Bar"(扫描钢筋成像)检测,第一个数值设为 2;

c. 使用"Measure w. Grid"(灰色方块方式)检测,第一个数值设为 3。

(3)保护层下限值:该功能主要有三个作用:拆模后的检查、结构工程的验收和提供修缮的评价基础。

(4)临近钢筋影响修正:当钢筋间距与保护层厚度不满足一定的要求时,则要输入钢筋间距进行钢筋间距修正,以便得出正确的结果。

(5)基本设置:在基本设置中又有5个子菜单:
- Unit(单位)——有 mm 和 inch(英寸)两种选择
- Probe(探头)——将此值设为探头上所标的数字
- Audible locating aid(声音帮助)——提示遇到钢筋
- Scan Area(扫描面积)——有 500 mm ×500 mm，1000 mm ×1000 mm，2000 mm × 2000 mm可选
- XYgrid(XY方格)——灰度检测方式下,为每个灰度块代表多大的面积
- Display(灰度显示)——可改变保护层相应的灰度色块

(6)数据输出:进入数据输出选项,出现4个子选项:
- Object Select(选择要显示编号)——传输数据前,先用 Object Select 选择要显示的编号
- Object Display(显示所选择的编号)
- Object Print(打印)——Print Object 打印,用带串口的商用打印机打印统计值,用打印机连线(33000460)传输数据
- Object to PC(数据传输到电脑)——以 Excel 格式传输,用传输线(33000269)传输
- Clear Memory(清除内存)——清除所有内存,不能单个删除

(7)用数字方式检测(详见"四、实验方法及步骤")。

(8)用扫描方式检测(本方式只能在 Scanlog 型上使用,详见"四、实验方法及步骤")。

(9)用灰度显示保护层厚度检测(本方式只能在 Scanlog 型上使用,详见"四、实验方法及步骤")。

四、实验方法及步骤

1. 用数字方式检测

这个功能能够被用于定位钢筋、测试保护层厚度和钢筋直径。保护层厚度值可被储存在预设的编号中。

(1)用铁丝连接的钢筋检测。

① 仪器设置:

a. 输入钢筋直径;

b. 输入编号;

c. 输入是否要声音帮助定位;

d. 如果钢筋间距太小,要进行修正,在"Neighb. Bar Corr"中输入钢筋间距;

e. 按"MENU"键,选择"Measure w. Statistic"。

② 复位操作:将探头放在空气中(远离钢筋1 m左右),按下"START/RESET"键。当信号条显示达到最小值或检测范围显示到达最大范围,并且当前保护层厚度示值为0时,复位过程完成。

③定位钢筋和检测保护层厚度：

a.沿垂直钢筋轴向方向移动探头，如果信号条向右边增长，且保护层数字变小，则说明探头正邻近钢筋；如果信号条向左边减小，且保护层数字变大，则说明探头正远离钢筋；当信号由小变大再变小，即产生一个突变时，仪器会发出短促的声音，并且最小的数字即混凝土保护层会自动存在"Memo"中。若信号条变化慢，则说明探头沿着钢筋轴向方向移动，应改变方向，沿垂直钢筋轴向方向移动探头。

b.当声音辅助定位"Variotone"被打开后（"MENU"→"Basic Setups"→"Audible locating aid"）当探头接近钢筋时，声音的频率会发生变化。在这种操作模式下，保护层厚度同样临时存放在"Memo"中。

c.钢筋方向可以根据探头沿着其轴向方向移动时被确定。尽量保持其信号值和当前保护层厚度不变。

④ 存储检测值：

a.按 STORE 键可存储 Memo 中的值；

b.用↓键可删除该数值，或当同一个编号下有几个值时，删除最后一个值；

c.按 END 键显示所存储的记忆值的统计评价（平均值、方差等）；

d.如果设置了最小保护层厚度，则小于最小保护层厚度的百分比会显示出来。

(2)检测焊接加固钢筋网。本仪器不能确定一根钢筋与其他钢筋是否是焊接网或绑扎在一起的。同样尺寸的这两种方式固定的钢筋产生的信号不同。

① 仪器设置：

a.进行与用铁丝连接的钢筋检测相同的设置步骤；

b.设置的钢筋直径必须比实际钢筋直径稍高，决定于钢筋直径的大小和钢筋网的宽度；对于特殊结构，该值应该通过测试来确定；使用不同的间距来测保护层厚度，当保护层厚度正确时，就设置该钢筋直径；

c.选择小的检测范围，大的检测范围不能检测钢筋网。

② 复位操作。

③定位钢筋和检测保护层厚度。

④ 存储检测值。

2.检测钢筋直径

(1)选择"Measure w. Statistic"（数字检测方式）。

(2)按"RESET"键复位。

(3)将探头放在钢筋轴向的上方，然后按"↑"。

(4)所测得的钢筋直径 $d=...$ 就会在屏幕上显示出来。

当钢筋间距不满足表 1-3-1 的要求时，则要进行钢筋间距修正，以便得出正确的结果。

表 1-3-1　第一层和第二层的钢筋最小间距

保护层厚度 S_1/mm	第一层钢筋		保护层厚度 S_2/mm	第二层钢筋	
	a_1/mm	b_1/mm		a_2/mm	b_2/mm
15	90	200	15	90	180
30	110	200	30	110	220
45	130	210	45	130	240
60	150	250	60	150	260

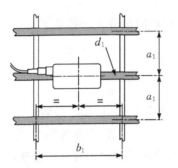 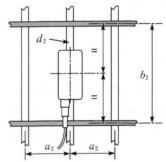

图 1-3-3　第一层钢筋　　　图 1-3-4　第二层钢筋

图 1-3-5 是满足最小钢筋间距条件测出的钢筋直径的精度。

有一些结构它们的钢筋间距小于表 1-3-1 所示，那么就需要修正。修正步骤如下：

(1) 定出钢筋的位置，并且标记出来；

(2) 测量钢筋之间的间距；

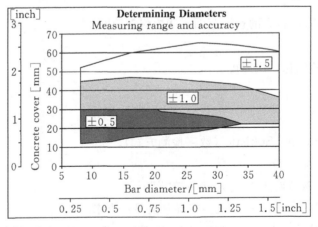

图 1-3-5

(3) 按"MENU"键；

(4) 选择"Neighb. Bar Corr."；

(5)输入测量出的钢筋间距;

(6)选择"Measure w. Statistic";

(7)按"RESET"键复位;

(8)将探头放在钢筋轴向的上方,然后按"↑";

(9)显示钢筋直径 $d=\ldots$,这便是修正了临近钢筋影响的修正值。

3. 用 CyberScan 使钢筋可视化

该功能只用于 Scanlog 型(配合移动探头)。

(1)仪器设置:

① 设定第一层的钢筋直径;

② 输入检测编号;

③ 如果需要进行钢筋间距修正,进入"Neighb. Bar Corr."输入钢筋直径;

④ 在"Basic Setups"中用"Scan Area"选择扫描的区域大小,有 500 mm ×500 mm、1000 mm ×1000 mm、2000 mm × 2000 mm 三种选择;

⑤ 选择"Scanning Bars";

⑥ 按"START",显示屏如图 1-3-6 所示;

⑦ 在测试区域中确定第一层钢筋的位置,并精确作出标记,然后在混凝土构件上作出测试范围的平行于钢筋左端或上端的标记。

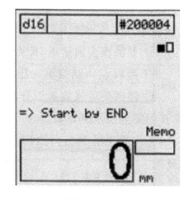

图 1-3-6

(2)测试步骤。按"END"键,显示屏如图 1-3-7 所示。

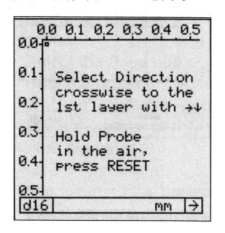

图 1-3-7

① 用↓→选择扫描方向;

② 将探头沿 X 方向扫描,自动测定并显示钢筋位置;

③ 在测试区域被扫描后,显示屏如图 1-3-8 所示(图中 1—扫描速度显示;2—当前的混凝土保护层厚度;3—移动和扫描标记);

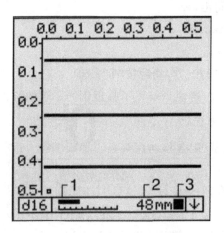

图 1-3-8

④ 如果探头向后退,那么将会自动删除所显示的钢筋;
⑤ 用↑↓←→结束第一层的检测(第一层钢筋以粗线显示);
⑥ 将探头尽量放置于分离得较远的两根钢筋之间,在测试区域标记出该位置,从这个位置开始第二层的测试;
⑦ 将探头沿 Y 方向扫描,在测区扫描完成后,显示屏如图 1-3-9 所示;

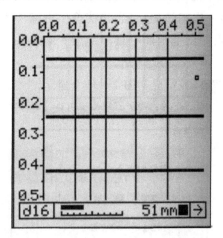

图 1-3-9

⑧ 用↑↓←→结束第二层的检测;
⑨ 按"PRINT/STORE"存储显示值;如果不想存储,按"END"。

五、实验数据处理

实验过程中对测试内容进行编号并储存,实验结束后通过电脑输出实验测试结果。

六、注意事项

(1)检测钢筋时,需要输入钢筋直径,在直径未知的情况下,设置钢筋直径为 16 mm。

(2)按"RESET"键(复位的意思)时需将探头放在空气中(远离钢筋 1 m 左右),当信号条显示达到最小值或检测范围显示到达最大范围,并且当前保护层厚度示值为 0 时,复位过程完成。

(3)测量和定位是以探头中心为准。

(4)用 CyberScan 使钢筋可视化时,反向移动探头,将删除已显示的钢筋。信号条必须处于刻度范围内,速度过快将发出短促的提示音。

七、思考题

(1)简述钢筋直径/保护层厚度测试仪检测钢筋的位置、保护层厚度和钢筋直径的原理。

(2)有一些结构的钢筋间距小于表 1-3-1 中的数值,当测量这些钢筋时,保护层厚度示值和钢筋的直径会变高还是变低?为什么?

实验四　电阻应变片的粘贴实验

一、实验目的

(1) 掌握电阻应变片的选用原则和方法。
(2) 学习常温用电阻应变片的粘贴方法及过程。
(3) 学会防潮层的制作。
(4) 认识并理解粘贴过程中涉及到的各种技术及要求对应变测试工作的影响。

二、实验仪器与器材

(1) 混凝土试件；
(2) 常温用电阻应变片；
(3) 数字万用表；
(4) 兆欧表；
(5) 粘合剂：T-1型502胶，CH31双管胶（环氧树脂）或硅橡胶；
(6) 丙酮浸泡的棉球；
(7) 镊子、划针、砂纸、刮刀、塑料薄膜、胶带纸、电烙铁、焊锡、焊锡膏等；
(8) 接线柱、短引线。

三、电阻应变片测量应变的基本原理

用电阻应变片测量应变时，要将应变片粘贴到试件上，当试件发生变形，应变片就会跟随一起变形，这时应变片中的电阻丝就会因其机械变形而导致电阻发生变化，电阻的变化也就反映了结构的变形情况，这就是用电阻应变片测量应变的基本原理。

四、实验步骤

1. 电阻应变片的检查分选

在应变片灵敏系数 K 相同的一批应变片中，剔除电阻丝栅有形状缺陷、片内有气泡、霉斑、锈点等缺陷的应变片。用数字万用表的电阻挡测量应变片的电阻值 R，将电阻值在 $120\pm2\Omega$ 范围内的应变片选出待用，记录该片的阻值和灵敏系数（应变片灵敏系数由厂家标定，本实验默认为 2.00）。

2. 测点处理

测点处理就是在测点范围内的试件表面上进行平整清洁工作。测点处理宜先粗后细,即以机械打磨→粗砂纸打磨→细砂纸打磨的顺序进行。先平后斜,即粗打磨时打磨纹理应平行于应变片轴线方向,细打磨时打磨纹理应与应变片轴线方向成45°夹角,以保证应变片受力均匀。之后用蘸有丙酮的棉球擦拭试件表面,更换棉球反复擦拭,直至棉球无黑色痕迹为止。见图1-4-1。

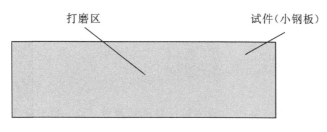

图1-4-1

3. 测点定位

测点定位的内容即为确定应变片的粘贴位置和方向。测点定位对应变测量的影响非常大,应变片必须准确地粘贴在结构或试件的应变测点上,而且粘贴方向必须是要测量的应变方向。本实验中假设要测定试件的中心点的轴向应变,为达到上述要求,对于钢构件,要在试件上用钢板尺和划针画一个十字线(一根长,一根短),十字线的交叉点对准测点位置,较长的一根线要与应变测量方向一致。见图1-4-2。

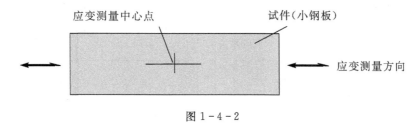

图1-4-2

4. 应变片粘贴

注意分清应变片的正、反面(有引出线引出的一面为正面),用左手捏住应变片的引线,右手上胶,在应变片的粘贴面(反面)上匀而薄地涂上一层黏结剂(502瞬间黏结剂)。待1 min后,当胶水发黏时,校正方向(应变片的定位线与十字线交叉线对准,其电阻栅的丝绕方向与十字线中较长线的方向一致,即保证电阻栅的中心与十字交叉点对准,再垫上塑料薄膜,用手沿一个方向滚压1~2 min即可。见图1-4-3。

粘贴要点:分清正反面,胶水不要涂得太多而影响粘贴效果,方向和位置必须准确。

5. 粘贴质量检查

应变片贴好后,先检查有无气泡、翘曲、脱胶等现象,再用数字万用表的电阻挡检查应变片有无短路、断路和阻值发生突变(因应变片粘贴不平整导致)的现象,如发生上述现象,就会影

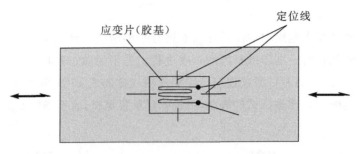

图1-4-3

响测量的准确性,这时要重贴。

6. 导线固定

导线是将应变片的感受信息传递给测量仪器的过渡线,其一端与应变片的引出线相连,另一端与量测仪表(如应变仪)相连接。应变片的引出线很细,特别是引出线与应变片电阻丝的连接强度很低,极易被拉断。所以导线与应变片引出线不能直接相连,必须采用某种过渡措施。

(1)接线柱的粘贴:接线柱的作用是将应变片的引线与接入应变仪的导线连接上。用镊子将接线柱按在要粘贴的位置,然后滴一滴胶水在接线柱边缘,待1 min后,接线柱就会粘贴在试件上。见图1-4-4。

注意:接线柱不要离应变片太远,否则会使应变片的引出线与试件接触而导致应变片与试件短路。若接线柱与应变片相隔较远时,则要在引线的下面粘贴一层绝缘透明胶带,防止引出线与试件接触,见图1-4-4(b)。

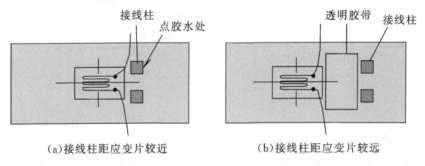

(a)接线柱距应变片较近　　　　　(b)接线柱距应变片较远

图1-4-4

(2)焊接:用电烙铁将应变片的引出线和导线一起焊接在接线柱上。

焊接要点:连接点必须用焊锡焊接,以保证测试线路导电性能的质量要求,焊点大小应均匀,不能过大,不能有虚焊。

技巧一:接线柱挂锡。电烙铁热了之后,先挂少许松香,再挂少许焊锡,然后将电烙铁在接线柱上放置2~3 s拿开即可。通常要求接线柱上基本挂满焊锡,如果接线柱上未能挂上焊锡或挂的焊锡较少,可再重复一次。见图1-4-5。

注意:焊锡也不可太多,若焊锡太多流到试件上,则会引起应变片与试件发生短路。

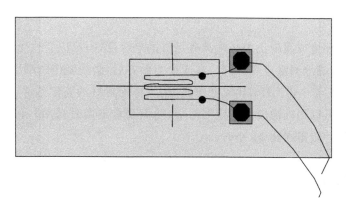

图 1-4-5

技巧二:导线挂锡。电烙铁热了之后,先挂少许松香,再挂少许焊锡,然后将电烙铁与导线的裸露线芯的四周都接触上,整个导线挂锡就完成了。

注意:导线挂锡一端的裸露线芯不能过长,以 3±1 mm 为宜。

技巧三:引出线及导线的焊接。先用导线挂锡的一端将应变片的引出线压在接线柱上,再把电烙铁放到接线柱上,当焊锡熔化之后立即将电烙铁移走,拿导线的手此时不能移动,3~5 s之后,焊锡重新凝固,整个的焊接就完成了。

注意:引出线不要拉得太紧,以免试件受到拉力作用后,接线柱与应变片之间距离增加,使引出线先被拉断,造成断路;也不能过松,以避免两引出线互碰或引出线与试件接触造成短路。焊接完成后将引出线的多余部分剪掉。

7. 绝缘度检查

应变片与试件之间必须是绝缘的,否则,实际电阻就会是应变片的电阻与试件电阻的并联,从而导致测试的不准确。检查绝缘度就是用兆欧表(测量大电阻的专用仪器)检查应变片与试件之间的绝缘电阻,绝缘电阻在 50 MΩ 以上为合格,低于 50 MΩ 则用红外线灯烤至合格,若再达不到要求,则重贴。兆欧表的使用方法:兆欧表的 E 端接试件,L 端接应变片的引线,由慢至快地摇动仪表的手柄,指针偏转至某一位置基本不动时,读数即为绝缘电阻值。见图 1-4-6。

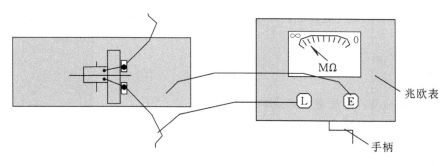

图 1-4-6

8. 制作防潮层

应变片在潮湿环境或混凝土中必须具有足够的绝缘度,一旦应变片受潮,其阻值就会不稳定,从而导致无法准确地测量应变,因此,在应变片贴好后,必须制作防潮层。防潮层可以用环氧树脂一份 CH31A 与一份 CH31B 混合而成,然后将配置好的防潮剂涂在应变片上(包括引线的裸露部分);也可以用硅橡胶涂在应变片上(防潮要求不高时采用),再用万用表和兆欧表检查一遍。防潮剂一般需固化 24 小时。

五、实验数据处理

在实验过程中先后记录应变片的电阻值、灵敏系数、测点位置以及绝缘电阻等数据,实验结束后整理所有实验数据。

六、注意事项

使用电阻应变片测量应变时,首先要保证应变片与被测物体共同产生变形;其次,要保证电阻应变片本身的电阻值的稳定,才能得到准确的应变测量结果,这是应变片粘贴的基本原则。因此应变片本身的质量和粘贴质量的好坏对测量结果影响很大,应变片必须牢固地粘贴在试件的被测测点上,这对粘贴的技术要求十分严格。

为保证粘贴质量和测量正确,请注意以下事项:

(1)认真检查、分选电阻应变片,保证应变片的质量。

(2)测点基底平整、清洁、干燥,使应变片能够牢固地粘贴到试件上,不脱落,不翘曲,不含气泡。

(3)黏结剂的电绝缘性好,化学性质稳定,工艺性能良好,并且蠕变小,粘贴强度高,温度、湿度影响小,能确保粘贴质量,并使应变片与试件绝缘,且不发生蠕变,保证电阻应变片电阻值的稳定。

(4)粘贴的方向和位置必须准确无误,因为试件上不同位置、不同方向的应变是不同的,应变片必须粘贴到要测试的应变测点上,也必须是要测试的应变方向。

(5)做好防潮工作,使应变片在使用过程中不受潮,以保证应变片电阻值的稳定。

七、思考题

(1)论述电阻应变片测量应变的基本原理。

(2)电阻应变片在粘贴过程中需注意哪些事项?

(3)在同样的实验条件下,若所用应变片电阻值相差过大对实验测量结果有何影响?

实验五　静态电阻应变仪操作实验

一、实验目的

(1)熟悉电阻应变仪的操作过程。
(2)掌握电阻应变仪单点测量的基本原理。
(3)学会电阻应变片作半桥及全桥测量的接线方法和调试。
(4)学习预调平衡箱的使用。

二、实验仪器与器材

(1)YJ-26静态电阻应变仪,预调平衡箱;
(2)混凝土梁试件;
(3)万用表、电烙铁等器材和工具。

三、实验原理

静态电阻应变仪的读数 $\varepsilon_仪$ 与各桥臂应变片的应变值 ε_i 有下列关系:

$$\varepsilon_仪 = (\varepsilon_1 - \varepsilon_2 + \varepsilon_3 - \varepsilon_4)$$

式中 ε_1、ε_2、ε_3、ε_4 分别为四个桥臂的应变值。

1. 半桥接线与测量

如果应变片 R_1 接于应变仪 AB 接线柱,温度补偿片 R_2 接于 BC 接线柱,则构成外半桥,如图 1-5-1 所示,内半桥由应变仪内部两个无感绕线电阻构成。应变仪读出的应变值为:

$$\varepsilon_仪 = \varepsilon_1$$

若梁上同一截面处的压区和拉区分别贴应变片 R_1 和 R_2 接于 AB 和 BC 接线柱构成外半桥,如图 1-5-2,两电阻应变片则互为补偿,应变仪读出应变值为:

$$\varepsilon_仪 = \varepsilon_1 - \varepsilon_2$$

又因 $\varepsilon_1 = -\varepsilon_2$,所以有:

$$\varepsilon_仪 = 2\varepsilon_1$$

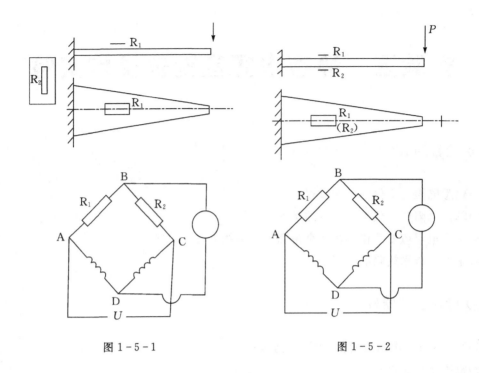

图 1-5-1　　　　　　　　　图 1-5-2

2. 全桥接线与测量

如果梁上一截面的压区贴片 R_1、R_3 接于 AB、CD 接线柱,温度补偿应变片 R_2、R_4 接于 BC、DA 接线柱,构成全桥,如图 1-5-3 所示,则应变仪读出应变值为:

$$\varepsilon_{仪}=\varepsilon_1+\varepsilon_3$$

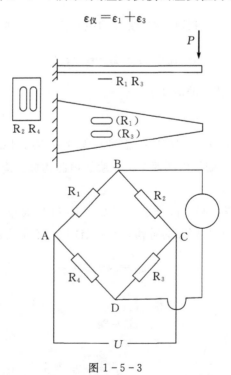

图 1-5-3

因 $\varepsilon_1 = \varepsilon_3$，故有：

$$\varepsilon_仪 = 2\varepsilon_1$$

若梁上同一截面的压区应变片 R_1、R_3 仍接于 AB 和 CD 接线柱，而拉区贴应变片 R_2、R_4 并接于 BC 和 DA 接线柱组成全桥，如图 1-5-4 所示，则应变仪读出应变值为：

$$\varepsilon_仪 = \varepsilon_1 - \varepsilon_2 + \varepsilon_3 - \varepsilon_4$$

因 $\varepsilon_1 = \varepsilon_3 = -\varepsilon_2 = -\varepsilon_4$，故有：

$$\varepsilon_仪 = 4\varepsilon_1$$

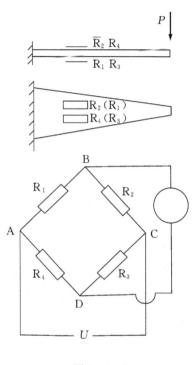

图 1-5-4

四、实验仪器性能及使用方法

1. 前面板各部分名称和功能

前面板排列示意图如图 1-5-5 所示，各部分具体功能如下。

①电源开关（琴键自锁开关）：按下此开关，仪器接通电源。

②电源检测开关（琴键无锁开关）：按下此开关，红色发光二极管③便亮；如发光二级管很亮，说明干电池电源充足；如光发二级管较暗，说明干电池电源已不足。在仪器使用过程中，一般不按下此开关。

③发光二极管：见②说明。

④基零开关：基零、标定、测量开关为琴键互锁开关。按下此开关，仪器显示应为 0000 或

—0000，如不为零值可调节后面板上"调基零"电位器⑯(见图1-5-6)。

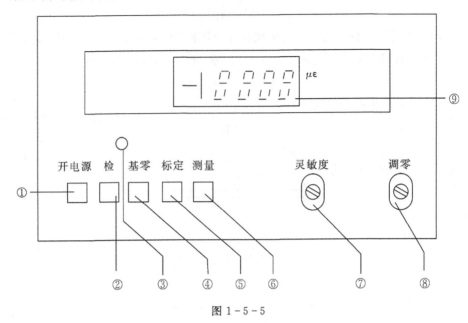

图1-5-5

⑤标定开关：按下此开关，仪器处于内标定状态，并且为正值显示，调节灵敏度电位器便可得到相应的标定值。内标定值与仪器输入信号大小无关。

⑥测量开关：按下此开关，仪器处于测量状态。

⑦灵敏度电位器：根据应变片灵敏系数不同，可调节该电位器使仪器灵敏系数与应变片灵敏系数一致。顺时针方向旋转电位器，增大灵敏系数；反之则减小灵敏系数。本仪器在设计时定为：当灵敏系数为2.00时，标定值为15000 $\mu\varepsilon$，灵敏系数与标定值关系如表1-5-1所示。

表1-5-1 灵敏系数与标定值关系表

灵敏系数 K	标定值/$\mu\varepsilon$	灵敏系数 K	标定值/$\mu\varepsilon$
1.80	16667	2.20	13636
1.90	15786	2.30	13043
1.95	15384	2.40	12500
2.00	15000	2.50	12000
2.05	14634	2.60	11538
2.10	14286		

当应变片灵敏系数为表1-5-1中未列出的数值，则可根据 $K\varepsilon=K'\varepsilon'$ 原理求得相应的标定值，由上可知，当 $K=2.00$，$\varepsilon=15000\ \mu\varepsilon$，在已知 K' 情况下可得

$$\varepsilon' = \frac{30000}{K'}(\mu\varepsilon)$$

调节灵敏度电位器，使仪器显示为 ε' 值，则此时仪器的灵敏系数为 K' 值。

⑧调节电位器:当测量桥路处于不平衡状态时,调节该电位器,使仪器显示为 0000 或 -0000。顺时针方向旋转电位器,显示朝正值增大方向变化;反之显示朝负值减小方向变化。

⑨显示器:四位半液晶数字显示,直接显示应变值($\mu\varepsilon$)。当仪器显示为正值时,符号"+"不显示出来;当仪器显示为负值时,符号"-"有显示。

2.后面板各部分名称和功能

后面板排列示意图如图 1-5-6 所示,各部分具体功能如下。

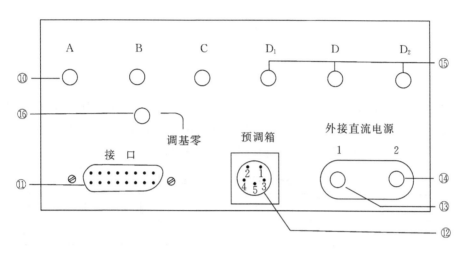

图 1-5-6

⑩接线柱组 A、B、C、D_1、D、D_2:各接线柱与测量桥路各顶端的对应关系如图 1-5-7 示,A、C 对应桥压输入端 A(+)、C(-),D、B 对应桥路输出,送放大器输入端。从图 1-5-7 可见,作为半桥测量时,D_1、D、D_2 三点必须用连接片⑮短接起来;作为全桥测量时,D_1、D、D_2 三点之间必须断开,即去掉连接片⑮;单点测量时,A 端与 B 端之间,B 端与 C 端之间分别接上工作片和补偿片;多点测量时,A 端与 B 端之间、B 端与 C 端之间不接任何片子,而是通过预调平衡箱来实现。

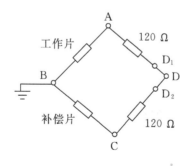

图 1-5-7

⑪接口输出座:从该座子上直接可得仪器内部 A/D 转换器(7135)上串行输出信号,座子上编号与串行输出信号对应关系如表 1-5-2 所示,可根据需要,自行配打印接口等。

⑫预调箱插头座:本仪器可直接与 P01R-18 型预调平衡箱相连接。五芯插头座接线如图

1-5-8所示。

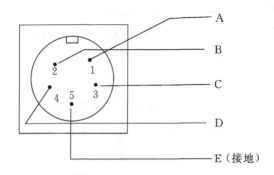

图 1-5-8

⑬、⑭外接直流稳压电源插头座:当本仪器不使用干电池,而直接用外接电源时,可用两组相同的直流稳压电源(+0.60~+4.50)V直接插入到这两个座子上,内部干电池将自动断开。外接电源插头线及座子正负极性分别如图1-5-9和图1-5-10所示。

表 1-5-2　座子上编号与串行输出信号对应关系

座子编号	输出信号	座子编号	输回信号	座子编号	输出信号
1	ST	6	POL	11	B_3(MSB)
2	DGND	7	R/H	12	D_3
3	BUSY	8	OR	13	D_4
4	D_2	9	D_5(MSD)	14	B_4
5	D_1(LSD)	10	B_2	15	B_1(DSB)

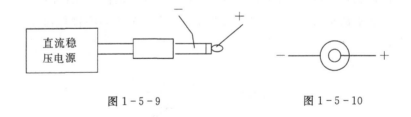

图 1-5-9　　　　　　　图 1-5-10

⑮连接片:见⑩说明。

⑯调基零电位器:见前面板各部分功能说明④。

3. 使用条件

本仪器在下列条件下可以使用:

(1)环境温度:0~40℃,温度变化速度不大于℃/h;

(2)相对湿度:30%~85%;

(3)周围无腐蚀性气体及强磁场干扰;

(4)使用时避免强烈的振动与冲击;

(5)仪器预热时间为30 min。

4. 测量桥路的准备工作

(1)测量片和温度补偿片的阻值及温度系数、灵敏系数应尽量相同,这样便于平衡和测量。补偿片应贴在与试件相同的材料上,与测量片保持同样的温度,应变片对地绝缘电阻应在 500MΩ 以上,测量片不受阳光暴晒、高温辐射和空气剧烈流动的影响。

(2)测量导线采用屏蔽电缆(推荐用 RVVP 聚氯乙烯屏蔽电缆)。测量时导线不能移动。

(3)在单点测量情况下,选择测量桥接线方式:

① 半桥测量:将应变仪 D_1、D、D_2 接线柱之间的连接片短路并旋紧,在应变仪 A、B、C 接线柱之间接应变片并旋紧。

② 全桥测量:将应变仪 D_1、D、D_2 接连柱之间连接片拿掉(开路),在应变仪 A、B、C 接线柱之间接应变片并旋紧。

(4)本应变仪与 P10R-18 型预调平衡箱配用可作多点测量(10点以下用一台平衡箱,10点以上将数台平衡箱联用)。用五芯插头线(5点连接片)连接应变仪和平衡箱。

① 应变仪 A、B、C 接线柱不再接应变片,而 D_1、D、D_2 接线柱上的连接片半桥测量时加,全桥测量时去掉。

② 半桥测量单点补偿时,先将 C 接线柱上 5 点连接片去掉,然后将各点的测量片和补偿片分别接到平衡箱 A、B 和 B、C 接线柱上。

③ 半桥测量 5 点公共补偿时,可将各点的测量片接到 A、B 接线柱上,并将 C 接线柱用 5 点连接片连好并旋紧,在 B、C 间接入补偿片。

④ 半桥测量 10 点公共补偿时,可在③的基础上再将两排 C 接线柱用导线短接起来。

⑤ 全桥测量时,全部连接片去掉,分别在 A、B 和 C、D 接线柱上接入测量片和补偿片。

⑥ 多台平衡箱联用时,当某点预调平衡或测量时,除该台平衡箱开关置于相应某点位置外,其余各台平衡箱的开关均应置于"切换"位置上。

5. 仪器使用的准备工作

(1)首先确定是使用外接直流稳压电源还是干电池供电。注意将干电池装入仪器中时正负极一定要正确;外接直流稳压电源插头上极性应与图 1-5-6 所示一致。当干电池已装入仪器中,再外接直流稳压电源时,只要将外接直流稳压电源直接插入到仪器后面板上即可。

(2)D_1、D、D_2 用连接片短接起来并旋紧,在 A、B 与 B、C 间接入用胶木密封的 $2\times120\ \Omega$ 精密线绕无感电阻,其中两根相同颜色线分别接入到 A、C 接线柱上,另一根颜色接入到 B 接线柱上。

(3)先按下"基零"琴键开关④。

(4)按下电源开关①。仪器显示应为 0000(−0000)或零值附近值。

(5)按下电源检测开关②,如发光二极管③很亮,说明干电池充足;如发光二极管较暗,说明干电池已不充足,此时最好更换电池,如果确认干电池是充足的,则此项内容可省略。

(6)按下"测量"挡琴键开关⑥,调节"调零"电位器⑧,使仪器显示为 0000 或 −0000。

6. 仪器的使用

(1)根据实际测量情况,确定测量桥的联接方式,详见 4 中的内容(3)和(4)。

(2)按下电源开关①,仪器预热 30 min。

(3)按下"基零"琴键开关④,仪器显示应为 0000(—0000),如显示不为零值,可调节后面板上"调基零"电位器,使仪器显示为零值。

(4)如果应变片灵敏系数不为 2.00 时,按下"标定"琴键开关⑤,调节"灵敏度"电位器,使仪器显示为该灵敏系数所对应的标定值,参阅表 1-5-1 进行。

注意:当"灵敏度"电位器调节好后,在整个测量过程中不允许再调节该电位器。

(5)按下"测量"挡琴键开关。

注意:如果是单点测量(即测量点未经预调平衡箱),可调节应变仪上"调零"电位器⑧;如果是多点测量,则不可再调节应变仪上的"调零"电位器⑧,每点测量桥路的预调平衡方式须通过调节预调平衡箱所对应的电位器来实现。

预调平衡方式有两种情况:

a.将所有点测量桥路的平衡都调节在 0000(或—0000)值上;

b.将所有点测量桥路的平衡进行粗略调节,即每个桥路的初始值不尽相同。

7. 测量值记录

采用逐点测量逐点记录方式。

对于(5)a 情况:应变仪读值即为每点试件测量值。

对于(5)b 情况:测量前必须读取初始值,加载后记录末读数,末、初读数之差,才为试件测量值。

五、实验步骤

(1)按半桥和全桥方法分别接通桥路。

(2)用螺丝刀在电阻应变仪上的调零孔中进行调平,至指针对零。

(3)预加 10 N 力检查仪表和装置工作是否正常。

(4)正式实验,每级加载 10 N,共加四级。记取读数,重复三次(若两次相差<5 $\mu\varepsilon$ 不再做第三次)。

(5)测定计算混凝土梁弯应力理论值时所需的有关数据。

(6)做完以上实验之后,用联线把预调平衡箱与仪器接通,并把电阻片的导线分别按半桥、全桥改接在平衡箱上。初步学习如何应用平衡箱做多点测量。

六、实验数据处理

在整理实验数据时需进行应变测量值的修正。将得到的测量值用 ε 表示;修正后测量值用 ε' 表示。具体修正内容及方法如下。

1. 采用不同桥路结构形式

当同一测量桥路中设有 1 片工作片，1 片补偿片时，测量值不需要进行此项修正。当测量桥路中有 2 片或 4 片工作片时，需要对测量值分别按下式进行修正。

半桥（2 片工作片）：

$$\varepsilon' = \frac{\varepsilon}{2} \tag{5-1}$$

全桥（4 片工作片）：

$$\varepsilon' = \frac{\varepsilon}{4} \tag{5-2}$$

2. 测量长导线修正

当应变片与预调平衡箱或应变仪之间联接的导线较长时，设导线电阻的阻值为 $r(\Omega)$，由于 r 串联接入桥臂，但 r 不随应变而变化，从而使测试桥臂阻值的相对变化率减小，从应变仪上得到的测量显示值也相对减小，所以测量导线较长时必须对测量值进行修正。修正公式为：

$$\varepsilon' = \left(1 + \frac{2r}{R}\right) \cdot \varepsilon \tag{5-3}$$

该式对半桥（①1 片工作片、1 片补偿片；②2 片工作片）、全桥测量方式均适用。

长导线联接示意图如图 1-5-11 所示。

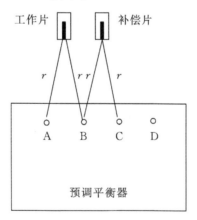

图 1-5-11

3. 桥路非线性修正

当测量大应变并且桥路中只有 1 片工作片时（2 片工作片及全桥测量时不需要进行此项修正），桥路输出电压与实际应变值之间的关系为非线性，因而在大应变测量时对测量值需要进行修正。修正公式为：

$$\varepsilon' = \frac{\varepsilon}{1 - \frac{K\varepsilon}{2}} = \frac{2\varepsilon}{2 - K\varepsilon} \tag{5-4}$$

一般当应变测量值大于 1000 $\mu\varepsilon$ 时进行此项修正。

注意：式（5-4）计算时分母项 $K\varepsilon$ 的乘积必须是无量纲的，微应变转为应变进行计算。如得到的测量值为+1200 $\mu\varepsilon$,则需要转为:1200 微应变→1200×10^{-6} 应变。

七、注意事项

(1)仪器使用前需先预热 30 min。
(2)当"灵敏度"电位器调节好后,在整个测量过程中不允许再调节该电位器。
(3)如果是单点测量(即测量点未经预调平衡箱),可调节应变仪上"调零"电位器;如果是多点测量,则不可再调节应变仪上的"调零"电位器;每点测量桥路的预调平衡方式须通过调节预调平衡箱所对应的电位器来实现。

八、思考题

(1)简述不同组桥方式的特点及优缺点。
(2)在使用电阻应变仪时,需注意哪些问题?
(3)查阅相关资料,思考如何在实验中进行温度补偿的问题?

实验六 混凝土碳化深度检测实验

一、实验目的

(1)掌握检测结构混凝土碳化深度的方法。
(2)通过混凝土的碳化深度判断钢筋的锈蚀情况。

二、实验仪器与器材

(1)酸碱指示剂;
(2)75%的酒精溶液;
(3)白色酚酞粉末;
(4)卡尺。

三、实验原理

拌和混凝土时,$Ca(OH)_2$大部分以结晶状态存在,成为孔隙液保持高碱性的储备,pH值为12.5～13.5。空气中的CO_2气体不断地透过混凝土中未完全充水的粗毛细孔道,与其中孔隙液所溶解的$Ca(OH)_2$进行中和反应,反应产物为$CaCO_3$和H_2O。随着结晶$Ca(OH)_2$的溶解,pH值会逐渐降低,从而导致钢筋表面钝化膜的破坏,使钢筋失去保护。通过在混凝土新鲜断面喷洒酸碱指示剂,并观察指示剂颜色变化来确定混凝土的碳化深度。

四、实验步骤

(1)确定测区及测孔布置。
①测区应包括锈蚀电位测量结果有代表性的区域,也能反映不同条件及不同混凝土质量的部位。结构外侧面应布置测区。
②测区数不应小于3个,测区应均匀布置。
③每一测区应布置三个测孔,三个测孔应呈"品"字排列,孔距根据构件尺寸大小确定,但应大于2倍孔径。
④测孔距构件边角的距离应大于2.5倍保护层厚度。
(2)将酸碱指示剂喷在混凝土的新鲜破损面,根据指示剂颜色的变化,用卡尺测量混凝土的碳化深度,量测值精确至毫米。具体内容如下:

①配制指示剂(酚酞试剂):75%的酒精溶液与白色酚酞粉末配置成浓度为1%~2%的酚酞溶剂,装入喷雾器备用,溶剂应为无色透明的液体。

②用装有直径20 mm钻头的冲击钻在测点位置钻孔。

③成孔后用圆形毛刷将孔中碎屑、粉末清除,露出混凝土新茬。

④将酚酞指示剂喷到测孔壁上。

⑤待酚酞指示剂变色后,用测深卡尺测量混凝土表面至酚酞变色交界处的深度,精确至1 mm。酚酞指示剂从无色变为紫色时,混凝土未碳化,酚酞指示剂未改变颜色处的混凝土已经碳化。

⑥将测区、测孔统一编号,并画出示意图,标上测量结果。

五、实验数据处理

混凝土碳化深度对钢筋锈蚀影响的评定,可取构件的碳化深度平均值与该类构件保护层厚度平均值之比,并考虑其离散情况,参考表1-6-1对单个构件进行评定。

表1-6-1 混凝土碳化深度的评判标准

碳化层深度/保护层厚度	<1*	<1	=1	>1	>1**
评定标度值	1	2	3	4	5
备注	①*构件全部实测比值均小于1; ②**构件全部实测比值均大于1; ③宜分构件逐一进行评定				

混凝土每一测区的平均碳化深度按下式计算:

$$d_m = \frac{\sum_{i=1}^{n} d_i}{n}$$

式中:n——碳化深度测量次数;

d_i——第i次量测的碳化深度,mm;

d_m——测区平均碳化深度,$d_m \leq 0.4$ mm时,取$d_m=0$;$d_m>6$ mm时,取$d_m=6$ mm。

有了各测区的保护层厚度及平均碳化深度,即可按照表1-6-1的评定标准对单个构件的钢筋锈蚀情况进行评定。

六、注意事项

(1)在处理钻孔时不能使用水,以免影响实验结果。

(2)实验时,待酚酞指示剂变色后即可用卡尺测量,不要等待时间过长,以免影响实验精度。

七、思考题

（1）为什么要使用酚酞试剂？可以用其他试剂代替酚酞试剂吗？

（2）测量混凝土碳化深度都有哪些作用？

实验七　回弹法测定混凝土强度

一、实验目的

(1)掌握回弹仪的使用方法。
(2)掌握通过实测的回弹值来推算混凝土强度的整个过程。

二、实验仪器及器材

(1)中型直射锤击式回弹仪；
(2)混凝土试件。

三、实验原理

回弹法是采用回弹仪的弹簧驱动重锤，通过弹击杆弹击混凝土表面，并以重锤被反弹回来的距离(称回弹值，指反弹距离与弹簧初始长度之比)作为强度相关指标来推算混凝土强度的一种方法。混凝土表面硬度是一个与混凝土强度有关的量，表面硬度值随强度的增大而提高，采用具有一定动能的钢锤冲击混凝土表面，其回弹值与混凝土表面硬度也有关系。所以混凝土强度与回弹值存在相关关系。

图1-7-1为回弹法的原理示意图。当重锤被拉到冲击前的起始状态时，若重锤的质量等于1，则这时重锤所具有的势能 e 为：

$$e = \frac{1}{2}kl^2 \quad (7-1)$$

式中：k——拉力弹簧的刚度系数；
l——拉力弹簧起始拉伸长度。

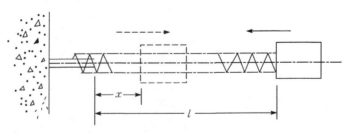

图1-7-1　回弹法原理示意

混凝土受冲击后产生瞬时弹性变形,其恢复力使重锤弹回,当重锤被弹回到 x 位置时所具有的势能 e_x 为:

$$e_x = \frac{1}{2}kx^2 \qquad (7-2)$$

式中:x——重锤反弹位置或重锤弹回时弹簧的拉伸长度。

所以重锤在弹击过程中,所消耗的能量 Δe 为:

$$\Delta e = e - e_x = \frac{1}{2}k(l^2 - x^2) = e\left(1 - \left(\frac{x}{l}\right)^2\right) \qquad (7-3)$$

令

$$R = \frac{x}{l} \qquad (7-4)$$

在回弹仪中,l 为定值,所以 R 与 x 成正比,称为回弹值。将 R 代入(7-3)式得

$$R = \sqrt{1 - \frac{\Delta e}{e}} = \sqrt{\frac{e_x}{e}} \qquad (7-5)$$

从(7-5)式中可知,回弹值只等于重锤冲击混凝土表面后剩余势能与原有势能之比的平方根。简而言之,回弹值的大小,取决于与冲击能量有关的回弹能量,而回弹能量主要取决于被测混凝土的弹塑性性能。其能量的传递和变化概述如下。

设回弹仪的动能(标准能量)为 e,则由功能原理:

$$e = \sum A_i = A_1 + A_2 + A_3 + A_4 + A_5 + A_6 \qquad (7-6)$$

式中:A_1——使混凝土产生塑性变形的功;

A_2——使混凝土、弹击杆及弹击锤产生弹性变形的功;

A_3——弹击锤在冲击过程中和指针在移动过程中因摩擦损耗的功;

A_4——弹击锤在冲击过程中和指针在移动过程中克服空气阻力的功;

A_5——混凝土产生塑性变形时增加自由表面所损耗的功;

A_6——仪器在冲击时由于混凝土构件颤动和弹击杆与混凝土表面移动而损耗的功。

A_3、A_4、A_5、A_6 一般很小,当混凝土构件具有足够的刚度且在冲击过程中仪器始终紧贴混凝土表面时,均可略而不计。在一定的冲击能量作用下,A_2 的弹性变形接近为常数。因此弹回距离主要取决于混凝土的塑性变形。混凝土的强度愈低,则塑性变形愈大,消耗于产生塑性变形的功也愈大,弹击锤所获得的回弹功能就愈小,回弹距离相应也愈小,从而回弹值就愈小,反之亦然。据此,可由实验方法建立"混凝土抗压强度-回弹值"的相关曲线,通过回弹仪对混凝土表面弹击后的回弹值来推算混凝土的强度值。

四、实验仪器介绍

1. 回弹仪的构造及工作原理

回弹仪的类型比较多,有重型、中型、轻型和特轻型之分,一般工程使用最多的是中型回弹仪。我国自 20 世纪 50 年代中期,相继投入生产的有指针直读式、自记式、带电脑自动记录及

处理数字功能等回弹仪。其中以指针直读的直射锤击式仪器应用最广,其构造如图1-7-2。

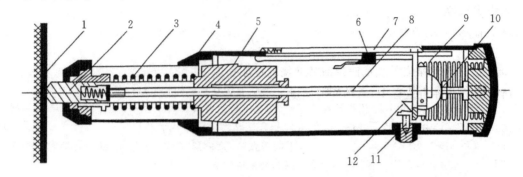

图1-7-2 加弹仪构造图
1—实验构件表面;2—弹击杆;3—拉力弹簧;4—套筒;5—弹击锤;6—指针;
7—刻度尺;8—导杆;9—压力弹簧;10—调整螺丝;11—按钮;12—挂钩

仪器工作时,随着对回弹仪施压,弹击杆(2)徐徐向机壳内推进,拉力拉簧(3)被拉伸,使联接弹击拉簧的弹击锤(5)获得恒定的冲击能量 e,当仪器水平状态工作时,其冲击能量 e 可按式(7-1)计算,其能量大小为 2.207 J(标准规定弹击拉簧的刚度 785.0 N/m,单击拉簧工作时拉伸长度 0.075 m)。

当挂钩(12)与调零螺钉(10)互相挤压时,使弹击锤脱钩,于是弹击锤的冲击面与弹击杆的后端平面相碰撞,此时弹击锤释放出来的能量借助弹击杆传递给混凝土构件,混凝土弹性反应的能量又通过弹击杆传递给弹击锤,使弹击锤获得回弹的能量向后弹回。计算弹击锤回弹的距离 x 和弹击锤脱钩前距弹击杆后端平面的距离 l 之比,即得回弹值 R,它由仪器外壳上的刻度尺(7)示出。

2. 对中型回弹仪的技术要求

(1)水平弹击时,弹击锤脱钩的瞬间,回弹仪的标准能量应为 2.207 J;

(2)弹击锤与弹击杆碰撞的瞬间,弹击拉簧应处于自由状态,此时弹击锤起跳点应对应于指针指示刻度尺上"0"处;

(3)在洛氏硬度 HRC 为 60±2 的钢砧上,回弹仪的率定值应为 80±2;

(4)回弹仪使用时的环境温度应为 -4~40℃。

3. 回弹仪的率定方法

回弹仪在工程检测前后,应在钢砧上作率定实验,并应符合下述要求:

回弹仪率定实验宜在干燥、室温为 5~35℃ 的条件下进行;率定时,钢砧应稳固地平放在刚度大的物体上;测定回弹值时,取连续向下弹击三次的稳定回弹值的平均值;弹击杆应分 4 次旋转,每次旋转宜为 90°;弹击杆每旋转一次的率定平均值应为 80±2。

4. 回弹仪的校验

回弹仪具有下列情况之一时,应由法定部门按照国家现行标准——《混凝土回弹仪》JJG817—93 对回弹仪进行校验:

(1)新回弹仪启用前；

(2)超过检定有效期限(有效期为半年)；

(3)累计弹击次数超过6000次；

(4)经常规保养后钢砧率定值不合格；

(5)遭受严重撞击或其他损害。

5.回弹仪的保养方法

当回弹仪的弹击次数超过2000次，或者对检测值有怀疑，以及在钢砧上的率定值不合格时，应对回弹仪进行保养。常规保养应符合下列规定：

(1)使弹击锤脱钩后取出机芯，然后卸下弹击杆，取出里面的缓冲压簧，并取出弹击锤、弹击拉簧和拉簧座；

(2)清洗机芯各零部件，重点清洗中心导杆、弹击锤和弹击杆的内孔和冲击面，清洗后应在中心导杆上薄薄涂抹钟表油，其他零部件均不得抹油；

(3)应清理机壳内壁，卸下刻度尺，并应检查指针，其摩擦力应为0.5~0.8 N；

(4)不得旋转尾盖上已定位紧固的调零螺丝；

(5)不得自制或更换零部件；

(6)保养后应对回弹仪进行率定实验。

回弹仪使用完毕后应使弹击杆伸出机壳，清除弹击杆、杆前端球面，以及刻度尺表面和外壳上的污垢、尘土。回弹仪不用时，应将弹击杆压入仪器内，经弹击后方可按下按钮锁住机芯，将回弹仪装入仪器箱，平放在干燥阴凉处。

五、实验步骤

1.选择测区

所谓"测区"是指每个试样的测试区域。每个测区相当于试样同条件混凝土的一组试块。根据《回弹法检测混凝土抗压强度技术规程》(JGI/T23—2001)相关规定，选择测区时需遵循以下规定：

(1)每一结构或构件测区数不应少于10个，对某一方向尺寸小于4.5 m且另一方向尺寸小于0.3 m的构件，其测区数量可适当减少，但不应少于5个；

(2)相邻两测区的间距应控制在2 m以内，测区离构件端部或施工缝边缘的距离不宜大于0.5 m，且不宜小于0.2 m；

(3)测区应选在使回弹仪处于水平方向检测混凝土浇筑侧面的区域，当不能满足这一要求时，可使回弹仪处于非水平方向检测混凝土构件的浇筑侧面、表面或底面；

(4)测区宜选在构件的两个对称可测面上，也可选在一个可测面上，且应均匀分布；在构件的重要部位及薄弱部位必须布置测区，并应避开预埋件；

(5)测区的面积不宜大于0.04 m²；

(6)检测面应为原状混凝土表面,并应清洁、平整,不应有疏松层、浮浆、油垢、涂层以及蜂窝、麻面,必要时可用砂轮清除疏松层和杂物,且不应有残留的粉末或碎屑;

(7)对弹击时产生颤动的薄壁、小型构件应进行固定;

(8)结构或构件的测区应标有清晰的编号,必要时应在记录纸上描述测区布置示意图和外观质量情况。

2. 回弹值测量

将弹击杆顶住混凝土的表面,轻压仪器,松开按钮,弹击杆徐徐伸出。使仪器对混凝土表面缓慢均匀施压,待弹击锤脱钩冲击弹击杆后即回弹,带动指针向后移动并停留在某一位置上,即为回弹值。继续顶住混凝土表面并在读取和记录回弹值后,逐渐对仪器减压,使弹击杆自仪器内伸出,重复进行上述操作,即可测得被测构件或结构的回弹值。操作中注意仪器的轴线应始终垂直于混凝土构件的检测面,缓慢施压,准确读数,快速复位。

测点宜在测区范围内均匀分布,相邻两测点的净距不宜小于 30 mm。测点不应在气孔或外露石子上,同一测点只应弹击一次。每一测区应记取 16 个回弹值,每一测点的回弹值读数估读至 1。

3. 碳化深度值测量

回弹值测量完毕后,应在有代表性的位置上测量碳化深度值,测点数不应少于构件测区数的 30%,取其平均值为该构件每测区的碳化深度值。当碳化深度值大于 2.0 mm 时,应在每一测区测量碳化深度值。

碳化深度值的测量方法及步骤参考实验六。

六、实验数据处理

1. 回弹值数据处理

从每个测区 16 个回弹值中分别剔除 3 个最大值和 3 个最小值,取余下 10 个有效回弹值的平均值作为该地区的回弹值,即:

$$R_{m\alpha} = \sum_{i=1}^{10} \frac{R_i}{10} \qquad (7-7)$$

式中:$R_{m\alpha}$——测试角度为 α 时的测区平均回弹值,精确至 0.1;

R_i——第 i 个测点的回弹值。

当回弹仪测试位置非水平方向时,考虑到不同测试角度,回弹值应按式(7-8)修正:

$$R_m = R_{m\alpha} + \Delta R_\alpha \qquad (7-8)$$

式中:ΔR_α——测试角度为 α 的回弹修正值,按表 1-7-1 采用。

表 1-7-1 不同测试角度 α 的回弹修正值 ΔR_α

$R_{m\alpha}$	α 向上				α 向下			
	+90	+60	+45	+30	-30	-45	-60	-90
20	-6.0	-5.0	-4.0	-3.0	+2.5	+3.0	+3.5	+4.0
30	-5.0	-4.0	-3.5	-2.5	+2.0	+2.5	+3.0	+3.5
40	-4.0	-3.5	-3.0	-2.0	+1.5	+2.0	+2.5	+3.0
50	-3.5	-3.0	-2.5	-1.5	+1.0	+1.5	+2.0	+2.5

当测试面为浇注方向的顶面或底面时,测得的回弹值按式(7-9)修正:

$$R_m = R_{ms} + \Delta R_s \qquad (7-9)$$

式中:ΔR_s——混凝土浇注顶面或底面测试时的回弹修正值,按表 1-7-2 采用;

R_{ms}——在混凝土浇注顶面或底面测试时的平均回弹值,精确至 0.1。

表 1-7-2 不同浇筑面的回弹修正值 ΔR_s

R_{ms}	ΔR_s		R_{ms}	ΔR_s	
	顶面	底面		顶面	底面
20	+2.5	-3.0	40	+0.5	-1.0
25	+2.0	-2.5	45	0	-0.5
30	+1.5	-2.0	50	0	0
35	+1.0	-1.5			

测试时,如果回弹仪既处于非水平状态,同时又在浇注顶面或底面,则应先进行角度修正,再进行顶面或底面修正。

2. 混凝土强度计算

根据根据《回弹法检测混凝土抗压强度技术规程》(JGI/T23—2001)相关规定,用回弹法检测混凝土强度时,除给出强度推定值外,对于测区数小于 10 个的构件,还要给出平均强度值、最小强度值;测区数大于等于 10 个的构件还要给出标准差。

(1)测区混凝土强度值换算值

结构或构件第 i 个测区混凝土强度换算值,根据每一测区的回弹平均值及碳化深度值,查阅全国统一测强曲线得出,当有地区测强曲线或专用测强曲线时,混凝土强度换算值应按地区测强曲线或专用测强曲线换算得出。表中未列入的测区强度值可用内插法求得。对于泵送混凝土还应符合下列规定:

① 当碳化深度值不大于 2.0 mm 时,每一测区混凝土强度换算值应按表 1-7-3 修正;

② 当碳化深度值大于 2.0 mm 时,可采用同条件试件或钻取混凝土芯样进行修正。

表 1-7-3　泵送混凝土测区混凝土强度换算值的修正值

碳化深度值		抗压强度值/MPa			
0；0.5；1.0	f_{cu}^c/MPa	≤40.0	45.0	50.0	55.0~60.0
	K/MPa	+4.5	+3.0	+1.5	0.0
1.5；2.0	f_{cu}^c/MPa	≤30.0	35.0	40.0~60.0	
	K/MPa	+3.0	+1.5	0.0	

(2) 构件混凝土强度的计算

① 构件混凝土强度平均值及标准差。

结构或构件的测区混凝土强度平均值可根据各测区的混凝土强度换算值计算。当测区数为 10 个及以上时，应计算强度标准差。平均值及标准差应按下列公式计算：

$$m_{f_{cu}^c} = \frac{\sum_{i=1}^{n} f_{cu,i}^c}{n} \tag{7-10}$$

$$s_{f_{cu}^c} = \sqrt{\frac{\sum (f_{cu,i}^c)^2 - n(m_{f_{cu}^c})^2}{n-1}} \tag{7-11}$$

式中：$m_{f_{cu}^c}$——结构或构件测区混凝土强度换算值的平均值，MPa，精确至 0.1 MPa；

n——对单个检测的构件，取一个构件的测区数；对批量检测的构件，取被抽检构件的测区数之和；

$s_{f_{cu}^c}$——结构或构件测区混凝土强度换算值的标准差，MPa，精确至 0.01 MPa。

② 构件混凝土强度推定值。

结构或构件的混凝土强度推定值是指相应于强度换算值总体分布中保证率不低于 95% 的结构或构件中的混凝土抗压强度值。结构或构件的混凝土强度推定值 $f_{cu,e}$ 应按下列方法确定：

a. 当该结构或构件测区数少于 10 个时：

$$f_{cu,e} = f_{cu,min}^c \tag{7-12}$$

式中：$f_{cu,min}^c$——构件中最小的测区混凝土强度换算值。

b. 当该结构或构件的测区强度值中出现小于 10.0 MPa 时：

$$f_{cu,e} < 10.0 \text{ MPa} \tag{7-13}$$

c. 当该结构或构件测区数不少于 10 个或按批量检测时，应按下列公式计算：

$$f_{cu,e} = m_{f_{cu}^c} - 1.645 s_{f_{cu}^c} \tag{7-14}$$

d. 对按批量检测的构件，当该批构件混凝土强度标准差出现下列情况之一时，则该批构件应全部按单个构件检测：

当该批构件混凝土强度平均值小于 25 MPa 时：

$$s_{f_{cu}^c} > 4.5 \text{ MPa}; \tag{7-15}$$

当该批构件混凝土强度平均值不小于 25 MPa 时：

$$s_{f_{cu}^c} > 5.5 \text{ MPa}; \tag{7-16}$$

七、注意事项

(1) 采用回弹仪测试混凝土的强度时,必须注意其限制条件。龄期 3 年以上的混凝土,其表面混凝土的碳化可能达到相当深度,回弹值已不能准确反映混凝土的强度,因此,不宜采用回弹法测定龄期超过 3 年的老混凝土;回弹仪的弹击锤回弹距离受到回弹仪本身的限制,其有效回弹最大距离决定了回弹法能够测试的最大混凝土强度,当混凝土强度超过 C60 级时,不能采用回弹法检测混凝土的强度。对混凝土的成型工艺、潮湿状态等也有限制。

(2) 回弹法实际上是利用混凝土的表面信息推定混凝土的强度,很多因素影响测试结果,如原材料构成、外加剂品种、混凝土成型方法、养护方法及湿度、碳化及龄期、模板种类、混凝土制作工艺等,这些因素使测试结果在一定范围内表现出离散性。

(3) 对于公路工程中的混凝土构件,有相应的技术规范:《回弹仪测定水泥混凝土强度实验方法》T 0954—1995。规程中对回弹仪的操作与维护、回弹值的修正、测强曲线以及混凝土强度推定的方法等方面,做出了具体的规定。采用回弹法检测混凝土的强度时,必须遵守规程的规定。

八、回弹法的误差范围和减少误差的方法

回弹法测强的影响因素比较多,如水泥品种、粗骨料品种、成型方法、模板种类、养护方法、湿度、保护层厚度、混凝土龄期、测试时的大气温度、测试技术等等均有程度不同的影响。对回弹法测强误差的估计,一般采用在实验室内通过试块测试制定测强相关曲线,然后按实验值进行最小二乘法回归分析时所得的标准差及离散系数,作为测定误差,或以验证性实测实验误差作为测定误差。表 1-7-4 为部分国家的回弹法标准中,按这一估计方法所列出的回弹法测强误差范围。关于结构混凝土强度的检测误差与试块混凝土强度的检测误差两者之间的差异,尚待进一步研究。

表 1-7-4 部分国家的回弹法标准中强度测定误差

国别	误差(%)	条件
英国	±15~±25	龄期三个月以内,校准曲线法
前苏联	>±15	保证率 95%,校准曲线法
罗马尼亚	±25~±35	保证率 90%,已知配合比,有试块复核影响系数法
国际建议(150)	>±15	龄期 14~60d,只有 1~2 个影响因素的变化,条件明确,校准曲线法
	>±25	龄期同上,已知影响因素很少,校准曲线法

减小误差的方法是:可采用同条件试块或钻取混凝土芯样进行修正,试块或钻取芯样数目不应少于6个。钻取芯样时每个部位应钻取一个芯样,计算时,测区混凝土强度换算值应乘以修正系数。修正系数应按下列公式计算:

(1)当有同条件试块时

$$\eta = \frac{1}{n}\sum_{i=1}^{n} f_{cu,i}/f_{cu,i}^{c} \tag{7-17}$$

(2)当有钻取混凝土芯样时

$$\eta = \frac{1}{n}\sum_{i=1}^{n} f_{cor,i}/f_{cu,i}^{c} \tag{7-18}$$

式中:η—— 修正系数,精确到0.01;

$f_{cu,i}$—— 第 i 个混凝土立方体试件(边长为150 mm)的抗压强度值,精确到0.1 MPa;

$f_{cor,i}$—— 第 i 个混凝土芯样试件的抗压强度值,精确到0.1 MPa;

$f_{cu,i}^{c}$—— 对应于第 i 个试件或芯样部位回弹值和碳化深度值的混凝土强度换算值,可按附表采用;

n—— 试件数。

九、思考题

(1)非水平方向的回弹值和混凝土浇筑侧面的回弹值为什么需要修正?

(2)用回弹法测量混凝土强度为什么还需进行混凝土碳化深度的实验?

(3)回弹法测量混凝土强度需注意哪些细节问题?

实验八　钻芯法测定混凝土强度

一、实验目的

(1)掌握钻芯法的基本原理和实验方法。
(2)掌握通过钻芯法来测定混凝土强度的整个过程。

二、实验仪器及器材

(1)钻芯机;
(2)锯切机;
(3)研磨机;
(4)混凝土试件。

三、实验原理

钻芯法检测混凝土强度指从混凝土结构物中钻取芯样,测定混凝土的劈裂抗拉强度或抗压强度,作为评定结构的主要品质指标,是一种直观准确的方法。它的使用条件为:
(1)对试块抗压强度的测试结果有怀疑时;
(2)因材料、施工或养护不良而发生混凝土质量问题时;
(3)混凝土遭受冻害、火灾、化学侵蚀或其他损害时;
(4)需检测经多年使用的建筑结构或构筑物中混凝土强度时。

四、实验方法及步骤

1. 钻取芯样
(1)确定钻取芯样的部位。
确定钻取芯样的部位时应遵循以下原则:
①结构或构件受力较小的部位;
②混凝土强度质量具有代表性的部位;
③便于钻芯机安放与操作的部位;
④避开主筋、预埋件和管线的位置,并尽量避开其他钢筋;
⑤用钻芯法和非破损法综合测定强度时,应与非破损法取同一测区。

(2)芯样要求。

①芯样数量。按单个构件检测时,每个构件的钻芯数量不应少于 3 个,对于较小构件,钻芯数量可取 2 个;对构件的局部区域进行检测时,应由要求检测的单位提出钻芯位置及芯样数量。

②芯样直径。钻取的芯样直径一般不宜小于骨料最大粒径的 3 倍,在任何情况下不得小于骨料最大粒径的 2 倍。

③芯样高度。芯样抗压试件的高度和直径之比应在 1~2 的范围内。

④芯样外观检查。每个芯样应详细描述有关裂缝、分层、麻面或离析等,并估计集料的最大粒径、形状种类及粗细集料的比例与级配,检查并记录存在气孔的位置、尺寸与分布情况,必要时应进行拍照。

⑤芯样测量。

a.平均直径:用游标卡尺测量芯样中部,在相互垂直的两个位置上,取其二次测量的算术平均值,精确至 0.5 mm;

b.芯样高度:用钢卷尺或钢板尺进行测量,精确至 0.5 mm;

c.垂直度:用游标量角器测量两个端面与母线的夹角,精确至 0.1°;

d.平整度:用钢板尺或角尺紧靠在芯样端面上,一面转动钢板尺,一面用塞尺测量与芯样端面之间的缝隙。见图 1-8-1。

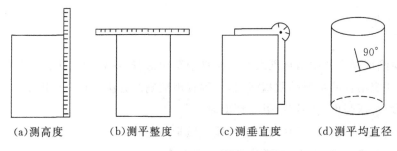

图 1-8-1 芯样尺寸测量示意图

⑥芯样端面补平。当锯切后芯样端面的不平整度在 100 mm 长度内超过 0.1 mm,芯样端面与轴线的不垂直度超过 2°时,宜采用在研磨机上磨平或在专用补平装置上补平的方法进行端面加工。

方法一:用硫磺胶泥(或硫磺)补平

a.补平前先将芯样端面污物清除干净,然后将芯样垂直地夹持在补平器的夹具中,并提升到一定高度,见图 1-8-2;

b.在补平器底盘上涂上一层很薄的矿物油或其他脱模剂,以防硫磺胶泥与底盘黏结;

c.将硫磺胶泥置放于容器中加热融化。待硫磺胶泥溶液由黄色变成棕色时(约 150℃),倒入补平器底盘中。然后转动手轮使芯样下移并与底盘接触。待硫磺胶泥凝固后,反向转动手轮,把芯样提起,打开夹具取出芯样。然后,按上述步骤补平该芯样的另一端面。

方法二:用水泥砂浆(或水泥净浆)补平

a. 补平前先将芯样端面污物清除干净,然后将端面用水湿润;

b. 在平整度为每 100 mm 不超过 0.05 mm 的钢板上涂一薄层矿物油或其他脱模剂,然后倒上适量水泥砂浆摊成薄层,稍许用力将芯样压入水泥砂浆之中,并应保持芯样与钢板垂直。待两小时后,再补另一端面。仔细清除侧面多余水泥砂浆,在室内静放一昼夜后送入养护室内养护。待补平材料强度不低于芯样强度时,方能进行抗压实验,见图 1-8-3。

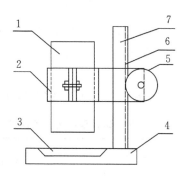

图 1-8-2 硫磺胶泥补平示意图
1—芯样;2—夹具;3—硫磺液体;4—底盘;5—手轮;6—齿条;7—立柱

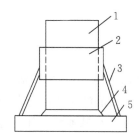

图 1-8-3 水泥砂浆补平示意图
1—芯样;2—套具;3—支架;4—水泥砂浆;5—钢板

(3)取样:采用钻芯机取样,取样部位和芯样要求满足(1)和(2)的规定。钻出后的每个芯样应立即清楚地标上记号,并记录芯样在混凝土结构中钻取的位置。

2. 抗压强度实验

(1)芯样试件需在与被检测结构或构件混凝土湿度基本一致的条件下进行抗压实验。如结构工作条件比较干燥,芯样试件应以自然干燥状态进行实验;如结构工作条件比较潮湿,芯样试件应以潮湿状态进行实验。

(2)按自然干燥状态进行实验时,芯样试件在受压前应在室内自然干燥 3d;按潮湿状态进行实验时,芯样试件应在 20℃±5℃ 的清水中浸泡 40~48h,从水中取出后应立即进行抗压实验。

3. 芯样强度计算

芯样试件的混凝土强度换算值系指用钻芯法测得的芯样强度,换算成相应于测试龄期的边长为 150mm 的立方体试块的抗压强度值。

五、实验数据处理

芯样试件的混凝土强度换算值,应按下列公式计算:

$$f_{cu}^c = \alpha \frac{4F}{\pi d^2} \tag{8-1}$$

式中:f_{cu}^c——芯样试件混凝土强度换算值,MPa,精确至 0.1 MPa;

F——芯样试件抗压实验测得的最大压力,N;

d——芯样试件的平均直径,mm;

α——不同高径比的芯样试件混凝土强度换算系数,应按表 1-8-1 选用。

表 1-8-1 芯样试件混凝土强度换算系数

高径比 (h/d)	1.0	1.1	1.2	1.3	1.4	1.5	1.6	1.7	1.8	1.9	2.0
系数(α)	1.00	1.04	1.07	1.10	1.13	1.15	1.17	1.19	1.21	1.22	1.24

六、注意事项

(1)对混凝土强度等级低于 C10 的结构,不宜采用钻芯法检测。

(2)芯样试件内不应含有钢筋。如不能满足此项要求,每个试件内最多只允许含有两根直径小于 10mm 的钢筋,且钢筋应与芯样轴线基本垂直并不得露出端面。

(3)将芯样取出并稍晾干后,应标上芯样的编号,并应记录取芯构件名称、取芯位置、芯样长度及外观质量等,必要时应拍摄照片。如发现不符合制作芯样试件的条件,应另行钻取。

(4)芯样在搬运之前应采用草袋、废水泥袋等材料仔细包装,以免碰坏。

(5)芯样有裂缝或有其他较大缺陷时不得用作抗压强度实验。

(6)硫磺胶泥(或硫磺)补平法一般适用于自然干燥状态下抗压实验的芯样试件补平;水泥砂浆(或水泥净浆)补平法一般适用于潮湿状态下抗压实验的芯样试件补平。

(7)补平层应与芯样结合牢固,以使受压时补平层与芯样的结合面不提前破坏。

(8)经端面补平后的芯样高度小于 $0.95d$(d 为芯样试件平均直径)或大于 $2.05d$ 时,不得用作抗压强度实验。

七、思考题

(1)简述钻芯法测定混凝土强度的使用条件。

(2)钻取的芯样有哪些要求?为什么要这样要求?

(3)芯样端面补平的方法有哪些?简述其具体步骤。

实验九　超声法检测混凝土强度

一、实验目的

(1)掌握超声波检测仪的操作方法。
(2)通过超声法来对混凝土强度进行检测。

二、实验仪器与器材

(1)超声波检测仪；
(2)混凝土试块；
(3)凡士林等耦合剂。

三、实验原理

当声波在混凝土中传播时,其纵波波速的平方与混凝土的弹性模量成正比,与密度成反比,而混凝土的强度又与其有关。一般而言,混凝土中声波传播速度越快,其强度越高。这种利用声速与混凝土强度的关系检测混凝土强度的方法即为超声法。

四、实验仪器性能及使用方法

用于混凝土的超声波检测仪可分为模拟式和数字式两类。本实验采用数字式超声波检测仪,其组成总体框图如图 1-9-1 所示。

1. 数字式超声波检测的技术要求

(1)具有波形清晰、显示稳定的示波装置；
(2)声时最小分度为 $0.1~\mu s$；
(3)数字显示稳定,在 2 小时内数字变化应不大于 $\pm 0.2~\mu s$；
(4)具有最小分度为 1 dB 的衰减系数；
(5)接收放大器频响范围 $10\sim 500$ kHz,总增益不小于 80 dB；接收灵敏度(在信噪比为 3:1 时)不大于 $50~\mu V$；
(6)在温度为 $-10\sim +40$℃、相对湿度小于或等于 90%、电源电压在 220 V(1 ± 10%)(直流供电电压 ± 55%)的环境下能正常工作；连续正常工作时间不少于 4 h；
(7)具有手动游标测读和自动测读方式,当自动测读时,在同一测试条件下,1 h 内每隔

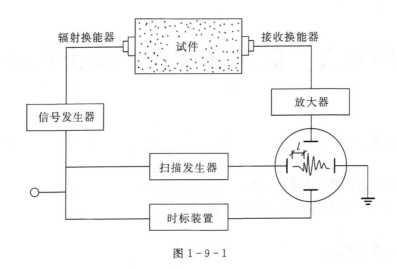

图 1-9-1

5 min测读一次声时的差异应不大于±2个采样点；

(8)波形显示幅度分辨率应不低于1/256,并具有可显示、存储和输出打印数字化波形的功能,波形最大存储长度不宜小于 4 KBytes；

(9)自动测读方式下,在显示的波形上应有光标指示声时、波幅的测读位置；

(10)宜具有幅度谱分析功能(FFT功能)。

2.换能器的技术要求

(1)根据不同的测试需要,换能器可具备两种类型,厚度振动方式和径向振动方式；

(2)厚度振动方式换能器的频率宜选用 20～250 kHz；径向振动方式换能器的频率宜选用 20～60 kHz,直径不宜大于 32 mm；当接收信号较弱时,宜选用带前置放大器的接收换能器。

(3)换能器的实测主频与标称频率相差应不大于±10%。对用于水中的换能器,其水密性应在 1 MPa 水压下不渗漏。

3.超声波检测仪的校准

超声波检测仪在使用前可通过测量空气声速进行自身校验,其方法为：

(1)空气中声速的测试步骤：

取常用平面换能器一对,接于超声波仪器上。开机预热 10min。在空气中将两个换能器的辐射面对准,依次改变两个换能器辐射面之间的距离(如 50 mm,60 mm,70 mm,80 mm,90 mm,100 mm,110 mm,120 mm,……),在保持首波幅度一致的条件下,读取各间距所对应的声时值 t_1、t_2、t_3、…、t_n,同时测量空气温度 T_k,精确至 0.5℃。

(2)空气中声速值计算：

方法一：以换能器辐射面间距为纵坐标,声时读数为横坐标,将各组数据点绘在直角坐标图上。穿越各点形成一直线,算出该直线的斜率,即为空气中声速实测值 v_r。

方法二：以各测点的测距 l 和对应的声时 t 求回归直线方程 $l=a+bt$。回归系数 b 便是空气中声速实测值 v_r。

(3)空气中声速计算值：

空气的声速计算值应按下式计算：

$$v_j = 331.4\sqrt{1+0.00367T} \qquad (9-1)$$

式中：v_j——空气声速的计算值，m/s；

T——空气的温度，℃。

(4)空气声速测量值的误差：

空气声速测量值 v_c 与空气声速计算值 v_j 之间的相对误差 e_γ，应按下式计算：

$$e_\gamma = \frac{v_c - v_j}{v_c} \times 100\% \qquad (9-2)$$

其计算的相对误差 e_γ 不得大于±0.5%，否则，应检查仪器各部位的连接后重测，或更换超声波检测仪。

五、实验方法及步骤

(1)选择试件浇筑混凝土的模板侧面为测试面，一般以 200 mm×200 mm 的面积为一测区。每一试件上相邻测区间距不大于 2 m。测试面应清洁平整、干燥无缺陷和无饰面层。每个测区内应在相对测试面上对应布置三个测点，相对面上对应的辐射和接收换能器应在同一轴线上。

(2)安装超声波检测仪进行测试。测试时必须保持换能器与被测混凝土表面良好的耦合，并利用凡士林等耦合剂来减少声能的反射损失。

六、实验数据处理

测区声波传播速度：

$$v = l/t_m \qquad (9-3)$$

式中：v——测区声速值，km/s；

l——超声测距，mm；

t_m——测区平均声时值，按式(9-4)计算，其中，t_1、t_2、t_3 分别为测区中 3 个测点的声时值，单位为 μs。

$$t_m = \frac{t_1 + t_2 + t_3}{3} \qquad (9-4)$$

当在混凝土试件的浇筑顶面或底面测试时，声速值应作修正：

$$v_u = \beta v \qquad (9-5)$$

式中：v_u——修正后的测区声速值，km/s；

β——超声测试面修正系数。在混凝土浇注顶面及底面测试时，$\beta=1.034$；在混凝土浇注侧面测试时，$\beta=l$。

由实验量测的声速，按 $f_{cu}^c - v$ 曲线求得混凝土的强度换算值。

七、注意事项

(1)测量时应注意两个换能器辐射面的轴线始终保持在同一直线上;换能器辐射面间距的测量误差应不超过±1%,且测量精度为0.5mm;换能器辐射面宜悬空相对放置;若置于地板或桌面上,必须在换能器下面垫以吸声材料。

(2)测试时必须保持换能器与被测混凝土表面良好的耦合,并利用凡士林等耦合剂来减少声能的反射损失。

八、思考题

(1)本实验是如何通过超声法来检测混凝土的强度?

(2)超声波检测仪在使用过程中需要注意哪些问题?

实验十　超声回弹综合法检测混凝土强度

一、实验目的

(1)熟练掌握回弹仪、超声波检测仪的操作方法。
(2)掌握超声回弹综合法检测和评定混凝土强度的方法。

二、实验原理

超声回弹综合法是指采用超声检测仪和回弹仪,在结构或构件混凝土的同一测区分别测量超声声时和回弹值,再利用已建立的测强公式,推算该测区混凝土强度的方法。与单一的回弹法或超声法相比,超声回弹综合法具有以下优点:

(1)混凝土含水率大,超声波的声速偏高,而回弹值偏低;另一方面,混凝土的龄期长,回弹值因混凝土表面碳化深度增加而增加,但超声波的声速随龄期增加的幅度有限。两者结合的综合法可以减少混凝土龄期和含水率的影响。

(2)回弹法通过混凝土表层的弹性和硬度反映混凝土的强度,超声法通过整个截面的弹性特性反映混凝土的强度。回弹法测试低强度混凝土时,由于弹击可能产生较大的塑性变形,影响测试精度,而超声波的声速随混凝土强度增长到一定程度后,增长速度下降,因此,超声法对较高强度的混凝土不敏感。采用超声回弹综合法,可以内外结合,相互弥补各自不足,较全面地反映混凝土的实际质量。

三、实验仪器与器材

(1)回弹仪;
(2)超声波检测仪;
(3)混凝土试件。

四、实验方法及步骤

超声回弹综合法检测混凝土强度的实质就是超声法和回弹法两种单一测强的综合测试,因此,有关仪器设备的技术要求、检测方法及规定与实验七和实验九基本相同,通常检测时遵循以下步骤:

(1)整理试件,确定测区和测点;

(2)对每个测区使用回弹仪进行测试,得到回弹值;
(3)对各个测点使用超声波检测仪进行测试,得到声速值;
(4)处理测量数据,推算混凝土强度。

五、实验数据处理

(1)计算回弹代表值和声速代表值(具体计算方法参考实验七和实验九)。

(2)采用测强曲线或地区测强曲线进行强度换算。按照《超声回弹综合法检测混凝土强度技术规程》(CECS 02:2005)的规定,当无专用或地区测强曲线时,可采用式(10-1)和式(10-2)计算混凝土的强度:

粗骨料为卵石时

$$f_{cu,i}^c = 0.0038(v_{ai})^{1.23}(R_{ai})^{1.95} \quad (10-1)$$

粗骨料为碎石时

$$f_{cu,i}^c = 0.008(v_{ai})^{1.72}(R_{ai})^{1.57} \quad (10-2)$$

式中:$f_{cu,i}^c$——第 i 个测区混凝土强度换算值(MPa),精确至 0.1 MPa;

v_{ai}——第 i 个测区修正后的超声声速值(km/s),精确至 0.01 km/s;

R_{ai}——第 i 个测区修正后的回弹值,精确至 0.1。

(3)进行测区混凝土强度的计算、修正及评定(具体做法参考实验七和实验)。

六、注意事项

注意事项参考实验七和实验九的注意事项。

七、思考题

(1)回弹仪法和超声法都能检测混凝土强度,为什么还要使用超声回弹法来检测混凝土强度?

(2)简述由测量数据推算混凝土强度的全过程。

实验十一 超声法检测混凝土缺陷

一、实验目的

(1)掌握超声法检测混凝土缺陷的基本原理。
(2)掌握超声法检测混凝土缺陷的方法。

二、实验原理

在混凝土结构物的施工及使用过程中往往会造成一些缺陷和损伤,目前对混凝土内部缺陷的存在、大小、位置和性质进行无破损检测的最有效的方法是超声脉冲法。

超声法检测混凝土缺陷依据以下原理:

(1)超声脉冲波在混凝土中遇到缺陷时产生绕射,可根据声时及声程的变化,判别和计算缺陷的大小;

(2)超声脉冲波在缺陷界面产生散射和反射,到达接收换能器的声波能量(波幅)显著减小,可根据波幅变化的程度判断缺陷的性质和大小;

(3)超声脉冲波中各频率成分在缺陷界面衰减程度不同,接收信号的频率明显降低,可根据接收信号主频或频率谱的变化分析判别缺陷情况;

(4)超声脉冲波通过缺陷时,部分声波会产生路径和相位变化,不同路径或不同相位的声波叠加后,造成接收信号波形畸变,可参考畸变波形分析判断缺陷。

当混凝土的组成材料、工艺条件、内部质量及测试距离一定时,各测点超声传播速度、首波幅度和接收信号主频率等声学参数一般无明显差异。如果某部分混凝土存在空洞、不密实或裂缝等缺陷,破坏了混凝土的整体性,通过该处的超声波与无缺陷混凝土相比较,声时明显偏长,波幅和频率明显降低。超声法检测混凝土缺陷,正是根据这一基本原理,对同条件下的混凝土进行声速、波幅和主频测量值的相对比较,从而判断混凝土的缺陷情况。以上四点可以单独使用。

三、实验仪器与器材

(1)超声波检测仪;
(2)混凝土试件。

四、实验方法及步骤

1. 测前准备

(1)测前应掌握和取得以下有关结构情况的资料：
① 混凝土原材料品种和规格；
② 混凝土浇筑和养护情况；
③ 结构尺寸和配筋施工图或钢筋隐蔽图；
④ 结构外观质量及存在的问题。

(2)对检测面的要求：测区混凝土表面应清洁、平整，必要时可用砂轮磨平或用高标号快凝砂浆抹平。换能器应通过耦合剂与结构表面接触，耦合层中不得夹杂泥砂或空气。

(3)测点间距：普测的测点间距宜为 200～500 mm（平测法例外），对出现可疑数据的区域，应加密布点进行细测。

(4)换能器频率选择：换能器频率选择可参照表 1-11-1。

表 1-11-1 换能器频率选择参照表

测距/cm	使用换能器频率/kHz	最小横截面尺寸/cm
10～20	100～200	10
20～100	50～100	20
100～300	50	20
300～500	30～50	30
>500	20	50

(5)换能器布置方式：由于混凝土非匀质性，一般不能像金属探伤那样，利用脉冲波在缺陷界面的反射信号作为判别缺陷状态的依据，而是利用超声脉冲波透过混凝土的信号来判别缺陷状况。一般根据被测结构或构件的形状、尺寸及所处环境，确定具体的换能器布置方式。常有的换能器布置方式大致分为以下几种：

① 对测法：发射换能器 T 和接收换能器 R 分别置于被测结构相互平行的两个表面，且两个换能器的轴线位于同一直线上，见图 1-11-1(a)；

② 斜测法：一对发射和接收换能器分别置于被测结构的两个表面，但两个换能器的轴线不在同一直线上，见图 1-11-1(b)；

③ 平测法：一对发射换能器和接收换能器置于被测结构同一个接收表面上进行测试，见图 1-11-1(c)；

④ 钻孔法：一对换能器分别置于两个对应钻孔中，采用孔中对测（两个换能器位于同一高度进行测试）、孔中斜测（一对换能器分别置于两个对应钻孔中，但不在同一高度，而是在保持一定高程差的条件下进行测试）和孔中平测（一对换能器置于同一钻孔中，以一定的高程差同

步移动进行测试)。

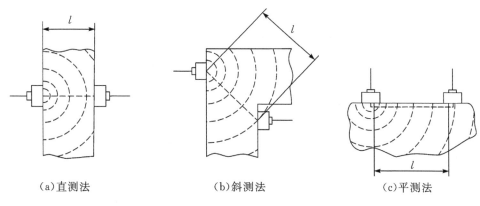

(a)直测法　　　　　(b)斜测法　　　　　(c)平测法

图 1-11-1　换能器布置方式

2.混凝土均匀性检测

(1)检测要求:

① 被检测的部位应具有相对平行的测试面;

② 测点应在被测部位上均匀布置,测点的间距一般为 200~500 mm;

③ 测点布置时,应避开与声波传播方向相一致的主钢筋。

(2)检测方法:

① 在检测部位的测试面上画间距为 200~500 mm 的网格并编号;

② 用钢卷尺测量两个换能器之间的距离,测量误差不应大于±1%;

③ 逐点测量声时值 $t_1, t_2, \cdots, t_n$。

3.混凝土表面损伤层检测

(1)检测要求:

① 根据结构的损伤情况和外观质量选取有代表性的部位布置测区;

② 结构被测表面应平整并处于自然干燥状态,且无接缝和饰面层;

③ 测点布置时应避免 T、R 换能器的连线方向与附近主钢筋的轴线平行。

(2)检测方法:测试时 T 换能器应耦合好保持不动,然后将 R 换能器依次耦合在测点 B_1,B_2,B_3,……位置上,如图 1-11-2,读取相应的声时值 $t_1, t_2, t_3, \cdots$,并测量每次 R,T 换能器之间的距离 $l_1, l_2, l_3, \cdots$。R 换能器每次移动的距离不宜大于 100 mm,每一测区的测点数不得少于 6 个。

4.浅裂缝检测

(1)检测要求:

① 需要检测的裂缝中,不得充水或泥浆;

② 如有主钢筋穿过裂缝且与 T,R 换能器的连线大致平行,布置测点时应注意使 T,R 换能器连线至少与该钢筋轴线相距 1.5 倍的裂缝预计深度。

(2)检测方法:

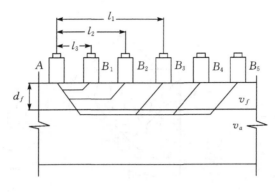

图 1-11-2

① 平测法。

当结构的裂缝部位只有一个可测表面,可采用平测法。平测时应在裂缝的被测部位以不同的测距同时按跨缝和不跨缝布置测点进行声时测量,其测量步骤应为:

a. 不跨缝声时测量:将 T 和 R 换能器置于裂缝同一侧,以两个换能器内边缘间距(l')等于 100,150,200,250 mm…分别读取声时值(t_i)。

b. 跨缝声时测量:如图 1-11-3 所示,将 T、R 换能器分别置于以裂缝为轴线的对称两侧,两换能器中心连线垂直于裂缝走向,以 l'=100,150,200,250,300 mm…分别读声时值 t_i^0,同时观察首波相位的变化。

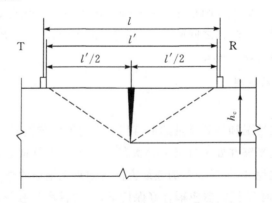

图 1-11-3 绕过裂缝示意图

② 双面斜测法。

当结构的裂缝部位具有两个相互平行的测试表面时,可采用双面穿透斜测法检测。测点布置如图 1-11-4 所示,将 T,R 换能器分别置于两测试表面对应测点 1,2,3…的位置,读取相应声时值 t_i、波幅值 A_i 及主频率 f_i。如 T,R 换能器的连线通过裂缝,则接收信号的波幅和频率明显降低。根据波幅和频率的突变,可以判定裂缝深度以及是否在平面方向贯通。

5. 深裂缝检测

(1)检测要求:

① 需要检测的裂缝中,不得充水或泥浆;

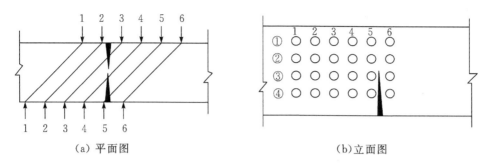

图 1-11-4 斜测裂缝测点布置示意图

② 允许在裂缝两旁钻测试孔;
③ 孔径应比换能器直径大 5~10 mm;
④ 孔深应至少比裂缝预计深度深 700 mm,经测试如浅于裂缝深度,则应加深钻孔;
⑤ 对应的两个测试孔,必须始终位于裂缝两侧,其轴线应保持平行;
⑥ 两个对应测试孔的间距宜为 2000 mm,同一结构的各对应测孔间距应相同;
⑦ 孔中粉末碎屑应清理干净;
⑧ 如图 1-11-5(a)所示,宜在裂缝一侧多钻一个较浅的孔,测试无缝混凝土的声学参数供对比判别之用。

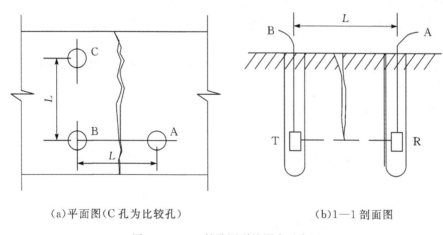

图 1-11-5 钻孔测裂缝深度示意图

(2)检测方法:
① 选用频率为 20~60 kHz 的径向振动式换能器,并在其连接线上作出等距离标志(一般间隔 100~400 mm)。
② 测试前应先向测试孔中注满清水,然后将 T,R 换能器分别置于裂缝两侧的对应孔中,以相同高程等间距从上至下同步移动,逐点读取声时、波幅和换能器所处的深度(见图 1-11-5(b))。
(3)裂缝深度判定:以换能器所处深度(h)与对应的波幅值(A)绘制 $h-A$ 坐标图(如图 1-11-6所示),随着换能器位置的下移,波幅逐渐增大,当换能器下移至某一位置后,波幅达

到最大并基本稳定,该位置所对应的深度便是裂缝深度(h_c)。

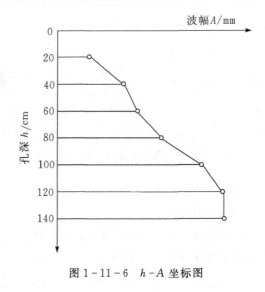

图 1-11-6　h-A 坐标图

6. 不密实区和空洞检测

(1)检测要求:

① 被测部位应具有一对(或两对)相互平行的测试面;

② 测试范围除应大于有怀疑的区域外,还应有同条件的正常混凝土进行对比,且对比测点数不应少于 20。

③ 在测区布置测点时,应避免 T,R 换能器的连线与附近的主钢筋轴线平行。

(2)检测方法:

① 根据被测结构实际情况,可按下列方法之一布置换能器:

a. 当结构具有两对互相平行的测试面时可采用对测法,其测试方法如图 1-11-7 所示。在测区的两对相互平行的测试面上,分别画间距为 100~300 mm 的网格,然后编号、确定对应的测点位置。

b. 当结构中只有一对相互平行的测试面时可采用对测和斜测相结合的方法。即在测区的两个相互平行的测试面上,分别画出交叉测试的两组测点位置,如图 1-11-8 所示。

c. 当测距较大时,可采用钻孔或预埋管测法。如图 1-11-9 所示,在测位预埋声测管或钻出竖向测试孔,预埋管内径或钻孔直径宜比换能器直径大 5~10 mm,预埋管或钻孔间距宜为 2~3 m,其深度可根据测试需要确定。检测时可用两个径向振动式换能器分别置于两测孔中进行测试,或用一个径向振动式与一个厚度振动式换能器,分别置于测孔中和平行于测孔的侧面进行测试。

② 按规定测量每一测点的声时、波幅、频率和测距。

7. 混凝土结合面质量检测

(1)检测要求:

① 测试前应查明结合面的位置及走向,以正确确定被测部位及布置测点;

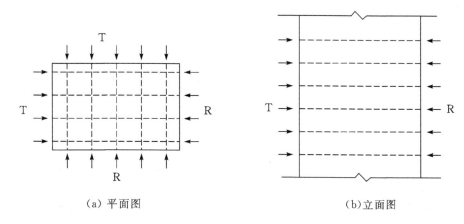

(a)平面图　　　　　　　　　(b)立面图

图 1-11-7　对测法示意图

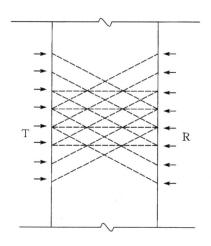

图 1-11-8　斜测法示意图

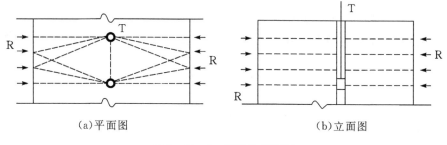

(a)平面图　　　　　　　　　(b)立面图

图 1-11-9　钻孔法示意图

② 结构的被测部位应具有使声波垂直或斜穿结合面的一对平行测试面；

③ 所布置的测点应避开平行声波传播方向的主钢筋或预埋铁件。

(2)检测方法：混凝土结合面质量检测采用对测法和斜测法，按图 1-11-10(a)或 1-11-10(b)布置测点，按布置好的测点分别测出各点的声时、波幅和频率值。

布置测点时应注意以下几点：
① 使测试范围覆盖全部结合面或有怀疑的部位；
② 各对 T、R 换能器连线的倾斜角及测距应相等；
③ 测点的间距视结构尺寸和结合面外观质量情况而定，一般控制在 100～300 mm。

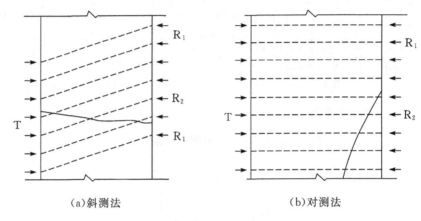

(a)斜测法　　　　　　　　　　(b)对测法

图 1-11-10　混凝土结合面质量检测示意图

五、实验数据处理

1. 混凝土均匀性检测时数据处理

(1)各测点的混凝土声速值应按下式计算

$$v_i = \frac{l_i}{t_{ci}} \tag{11-1}$$

式中：v_i——第 i 点混凝土声速值，km/s；

l_i——第 i 点测距值，mm；

t_{ci}——第 i 点混凝土声时值，μs。

(2)各测点混凝土声速的平均值 m_v 和标准差 s_v 及离差系数 c_v 应按下式分别计算：

$$m_v = \frac{1}{n}\sum_{i=1}^{n} v_i \tag{11-2}$$

$$s_v = \sqrt{\frac{\sum v_i^2 - n m_v^2}{n-1}} \tag{11-3}$$

$$c_v = \frac{s_v}{m_v} \tag{11-4}$$

式中：v_i——第 i 个测点混凝土声速值，km/s；

n——测点数。

(3)根据声速的标准差和离差系数的大小，可以相对比较相同测距的同类结构或各部位混凝土质量均匀性的优劣。

2. 混凝土表面损伤检测时数据处理

(1)以各测点的声时值 t_i 和相应测距值 l_i 绘制"时-距"坐标图,如图 1-11-11 所示。由图可得到声速改变所形成的拐点,并可按式(11-5)和式(11-6)计算出该点前、后分别表示损伤和未损伤混凝土的 l 与 t 的相关直线。

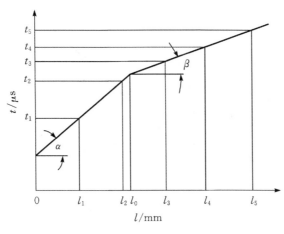

图 1-11-11

损伤混凝土

$$l_f = a_1 + b_1 t_f \tag{11-5}$$

未损伤混凝土

$$l_a = a_2 + b_2 t_a \tag{11-6}$$

式中:l_f——拐点前各测点的距离,mm,对应于图 1-11-11 中的 l_1、l_2;

t_f——对应于图 1-11-11 中的 l_1、l_2 的声时 t_1、t_2,μs;

l_a——拐点后各测点的距离,mm,对应于图 1-11-11 中的 l_3、l_4、l_5;

t_a——对应于图 1-11-11 中 l_3、l_4、l_5 的声时 t_3、t_4、t_5,μs;

a_1、b_1、a_2、b_2——回归系数,即图 1-11-11 中损伤和未损伤混凝土直线的截距和斜率。

(2)损伤层厚度应按下式计算:

$$l_0 = (a_1 b_2 - a_2 b_1)/(b_2 - b_1) \tag{11-7}$$

$$h_f = \frac{l_0}{2}\sqrt{\frac{b_2 - b_1}{b_2 + b_1}} \tag{11-8}$$

式中:h_f——损伤层厚度。

3. 浅裂缝检测时数据处理

(1)不跨缝测声时:根据(l')和(t_i)绘制时-距坐标图(见图 1-11-12)或用统计的方法求出两者的关系式。

$$l_i = a + b t_i \tag{11-9}$$

每测点超声波实际传播距离 l_i 为:

$$l_i = l' + |a| \tag{11-10}$$

式中：l_i——第 i 点的超声波实际传播距离，mm；
　　　l'——第 i 点的 R、T 换能器内边缘间距，mm；
　　　a——"时-距"图中 l' 轴的截距或回归直线方程的常数项，mm。

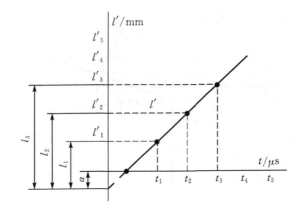

图 1-11-12　平测"时-距"图

(2) 不跨缝平测的混凝土声速值为：

$$v = (l'_n - l'_1)/(t'_n - t_1) \quad (\text{km/s}) \tag{11-11}$$

或

$$v = b \text{（km/s）} \tag{11-12}$$

式中：l'_n, l'_1——第 n 点和第 1 点的测距，mm；
　　　t'_n, t'_1——第 n 点和第 1 点读取的声时值，μs；
　　　b——回归系数。

(3) 裂缝深度按下式计算：

$$h_{ci} = \frac{l_i}{2}\sqrt{(t_i^0 v/l_i)^2 - 1} \tag{11-13}$$

$$m_{bc} = \frac{1}{n}\sum_{i=1}^{n} h_{ci} \tag{11-14}$$

式中：l_i——不跨缝平测时第 i 点的超声波实际传播距离，mm；
　　　h_{ci}——第 i 点计算的裂缝深度值，mm；
　　　t_i^0——第 i 点跨缝平测的声时值，μs；
　　　m_{bc}——各测点计算裂缝深度的平均值，mm；
　　　n——测点数。

(4) 裂缝深度的确定如下：

a. 跨缝测量中，当在某测距发现首波反相时，可用该测距及两个相邻测距的测量值按 (11-13) 式计算 h_{ci} 值，取此三点 h_{ci} 的平均值作为该裂缝的深度值 (h_c)；

b. 跨缝测量中如难于发现首波反相，则以不同测距按式 (11-13)、式 (11-14) 计算 h_{ci} 及其平均值 m_{bc}。将各测距 l'_i 与 m_{bc} 相比较，凡测距 l'_i 小于 m_{bc} 和大于 $3m_{bc}$，应剔除该组数据，然后取余下 h_{ci} 的平均值，作为该裂缝的深度值 (h_c)。

4. 不密实区和空洞检测时数据处理

(1)测区混凝土声时(或声速)、波幅、频率测量值的平均值(m_x)和标准差(s_x)应按下式计算：

$$m_x = \frac{1}{n}\sum_{i=1}^{n} X_i \qquad (11-15)$$

$$s_x = \sqrt{\frac{\sum_{i=1}^{n} X_i^2 - nm_x^2}{n-1}} \qquad (11-16)$$

式中：X_i——第 i 点的声时(或声速)、波幅、频率的测量值；

n——测区参与统计的测点数。

(2)测区中的异常数据可按以下方法判别：将测得测区各测点的波幅、频率或(由声时计算的)声速值由大至小按顺序排列，即 $X_1 \geqslant X_2 \geqslant \cdots \geqslant X_n \geqslant X_{n+1} \geqslant \cdots$，将排在后面明显小的数据视为可疑值，再将这些可疑值中最大的一个(假定为 X_n)连同其前面的数据按式(11-15)和式(11-16)计算出 m_x 及 s_x 值，并代入式(11-17)，计算出异常情况的判断值(X_0)：

$$X_0 = m_x - \lambda_1 s_x \qquad (11-17)$$

式中：λ_1——异常值判定系数，应按表 1-11-2 取值。

表 1-11-2　统计数的个数 n 与对应的 λ_1 的值

n	14	16	18	20	22	24	26	28	30
λ_1	1.47	1.53	1.59	1.64	1.69	1.73	1077	1.80	1.83
n	32	34	36	38	40	42	44	46	48
λ_1	1.86	1.89	1.92	1.94	1.96	1.98	2.00	2.02	2.04
n	50	52	54	56	58	60	62	64	66
λ_1	2.05	2.07	2.09	2.10	2.12	2.13	2.14	2.15	2.17
n	68	70	74	78	80	81	88	90	95
λ_1	2.18	2.19	2.21	2.23	2.24	2.26	2.28	2.29	2.31
n	100	105	110	115	120	125	130	135	140
λ_1	2.32	2.34	2.36	2.38	2.40	2.41	2.42	2.43	2.45
n	145	150	155	160	170	180	190	200	210
λ_1	2.46	2.48	2.49	2.50	2.52	2.54	2.56	2.57	2.59

将判断值(X_0)与可疑数据的最大值(X_n)相比较，如 X_n 小于或等于 X_0，则 X_n 及排列其后的各数据均为异常值；当 X_n 大于 X_0，应再将 X_{n+1} 放进去重新进行统计计算和判别。

(3)当测区中某些测点的声时值(或声速值)、波幅值(或频率值)被判为异常值时，可结合异常测点的分布及波形状况确定混凝土内部存在不密实区和空洞的范围。

(4)空洞尺寸估算：当判定缺陷是空洞时，可采用以下方法估算其空洞尺寸的大小：

如图 1-11-13 所示，设检测距离为 l，空洞中心（在另一对测试面上，声时最长的测点位置）距一个测试面的垂直距离为 l_h，声波在空洞附近无缺陷混凝土中传播的时间平均值为 m_{ta}，绕空洞传播的时间（空洞处的最大声时）为 t_h，空洞半径为 r。

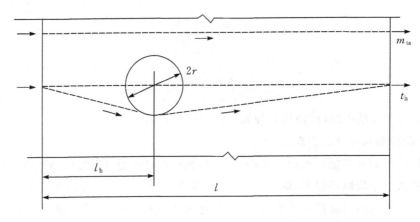

图 1-11-13 空洞尺寸估算原理

根据 l_h/l 值和 $(t_h-m_{ta})/m_{ta}\times100\%$ 值，可由表 1-11-3 查得空洞半径 r 与测距 l 的比值，再计算空洞的大致尺寸 r。

如被测部位只有一对可供测试的表面，空洞尺寸可用下式计算：

$$r = \frac{l}{2}\sqrt{\left(\frac{t_h}{m_{ta}}\right)^2 - 1} \tag{11-18}$$

式中：r——空洞半径，mm；

l——T、R 换能器之间的距离，mm；

t_h——缺陷处的最大声时值，μs；

m_{ta}——无缺陷区的平均声时值，μs。

表 1-11-3 空洞半径 r 与测距 l 的比值

y \ x (z)	0.05	0.08	0.10	0.12	0.14	0.16	0.18	0.20	0.22	0.24	0.26	0.28	0.30
0.10(0.9)	1.42	3.77	6.26										
0.15(0.85)	1.00	2.56	4.06	5.97	8.39								
0.2(0.8)	0.78	2.02	3.18	4.62	6.36	8.44	10.9	13.9					
0.25(0.75)	0.67	1.72	2.69	3.90	5.34	7.03	8.98	11.2	13.8	16.8			
0.3(0.7)	0.60	1.53	2.40	3.46	4.76	6.21	7.91	9.38	12.0	14.4	17.1	20.1	23.6
0.35(0.65)	0.55	1.41	2.21	3.19	4.35	5.70	7.25	9.00	10.9	13.1	15.5	18.1	21.0
0.4(0.6)	0.52	1.34	2.09	3.02	4.12	5.39	6.84	8.48	10.3	12.3	14.5	16.9	19.8
0.45(0.55)	0.50	1.30	2.03	2.92	3.99	5.22	6.62	8.20	9.95	11.9	14.0	16.3	18.8
0.5	0.50	1.28	2.02	2.89	3.94	5.16	6.55	8.11	9.84	11.8	13.3	16.1	18.6

注：$x=(t_h-m_{ta})/m_{ta}\times100\%$；$y=l_h/l$；$z=r/l$。

5. 混凝土结合面检测时数据处理

(1)按式(11-15)、(11-16)和(11-17)对某一测区各测点的声时、波幅或频率值分别进行统计和异常值判断。当通过结合面的某些测点的数据被判为异常,并查明无其他因素影响时,可判定混凝土结合面在该部位结合不良。

(2)当测点数无法满足统计法判断时,可按 T-R_2 的声速、波幅等声学参数与 T-R_1 进行比较,若 T-R_2 的声学参数比 T-R_1 显著低时,则该点可判为异常测点。

六、注意事项

1. 混凝土均匀性检测时需注意

(1)构件上各测点声速值波动变化反映了混凝土质量的波动变化,因此用声速统计的 s_v 和 c_v 也反映了均匀性。但是,由于混凝土的声速与其强度之间并非线性关系,以声速统计的标准差和离差系数与现行施工验收规范中以标准试块强度值统计的标准差和离差系数不是同一标准,且以声速统计的标准差和离差系数的数值还随测试距离(构件尺寸)而变。因此,只能作同类结构、相同测距混凝土均匀性的相对比较,而不能用于均匀性等级的评定。

(2)当具有超声测强曲线时,可先计算出测点混凝土强度值,然后再进行匀质性评价。

2. 混凝土表面损伤检测时需注意

(1)表面损伤层检测宜选用频率较低的厚度振动式换能器;

(2)当结构的损伤层厚度不均匀时,应适当增加测区数。

3. 深裂缝检测时需注意

(1)向测孔中灌的水必须是清水,无悬浮泥沙;

(2)测点间隔宜 20 cm 左右,深度大的裂缝测量间隔可适当大一些,换能器上下移动到位后,使其处于钻孔中心,为此换能器应套上橡皮的"扶正器"再置于钻孔中使用;

(3)当放置 T,R 换能器的测孔之间混凝土质量不均匀或者存在不密实和空洞时,将使 $h-A$ 曲线偏离原来趋向,此时应注意识别和判断,以免产生误判;

(4)由于大体积混凝土本身存在较大的体积变形,当温度升高而膨胀时,其裂缝变窄甚至完全闭合,当结构混凝土在外力作用下,其受压区的裂缝也会产生类似变化;在这种情况下进行超声检测,难以正确判断裂缝深度,因此,最好在气温较低的季节或结构卸荷状态下进行裂缝检测;

(5)当有主钢筋穿过裂缝且靠近一对测孔,T,R 换能器又处于该钢筋的高度时,大部分超声波将沿钢筋传播到接收换能器,波幅测值难以反映裂缝的存在,检测时应注意判别;

(6)当裂缝中充满水时,绝大部分超声波经水穿过裂缝传播到接收换能器,使得有无裂缝的波幅值无明显差异,难以判断裂缝深度。因此,检测时被测裂缝中不应填充水或泥浆。

4. 不密实区和空洞检测时需注意

(1)一般情况下用波幅、频率和声时的差异来判别不密实和空洞等缺陷较为有效;

(2)若耦合条件保证不了测幅稳定,则波幅值不能作为统计法的判据;

(3)有时由于一个构件的整体质量差,各测点的声速、波幅测量值的标准差较大,如按上述判别易产生漏判,此时,可利用一个同条件(混凝土的材料、龄期、配合比及配筋相同,测距一致)混凝土的声速、波幅的平均值和标准差来判别。

5．混凝土结合面检测时需注意

(1)利用超声波检测两次浇筑的混凝土结合面的质量,主要采用对比的方法,因此,在同一测区必须有通过结合面和不通过结合面的测点,为保证各测点具有一定的可比性,每一对测点都应保持倾斜度一致,测距相等;

(2)如果发现声时明显偏长或波幅及频率偏低的可疑点,则应查明测试表面是否平整、干净,并作必要的处理后再进行重测和细测。

七、思考题

(1)超声法可以检测混凝土哪些方面的缺陷?检测这些缺陷的依据是什么?

(2)简述超声法在数据处理过程中需要注意的事项。

第二部分 结构实验

实验十二 钢筋混凝土适(超)筋梁破坏实验

一、实验目的

(1)了解混凝土梁在静荷载作用下,正截面的破坏现象和发展过程;
(2)掌握仪器的使用方法,学习最基本的测试手段。

二、实验内容

(1)梁受力过程中,正截面应变的分布和变化规律。
(2)梁受力过程中,各测点挠度变化情况。
(3)梁受力过程中,梁裂缝出现的先后次序,间距宽度。
(4)通过数据采集仪观察加载时梁的荷载和挠度变化曲线。

三、实验仪器与器材

(1)加荷设备、油泵、控制台;
(2)应变仪,数据采集仪,万能机;
(3)百分表、手电、放大镜、502胶。

四、实验方法及步骤

1. 准备工作

(1)加工钢筋,绑扎钢筋骨架,受力钢筋 $\Phi12$(超筋梁为 $\Phi18$),架力钢筋 $\Phi6$,箍筋8号铅丝。
(2)混凝土配比设计,C20浇混凝土梁养护28天(梁尺寸见图2-12-1)。
(3)用万能机测出钢筋、混凝土强度,计算破坏强度。
(4)贴片。钢筋应变片在 $L_0/2$ 处,混凝土应变片在 $L_0/2$ 跨腹板处(见图2-12-2)。

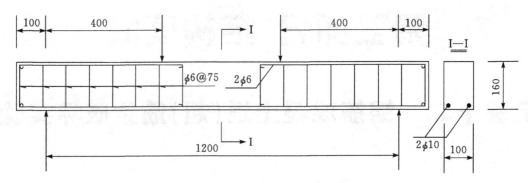

图 2-12-1　钢筋混凝土实验梁(单位:mm)

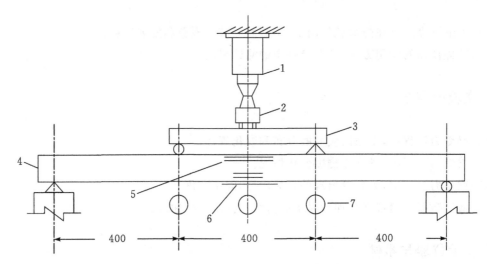

图 2-12-2　梁实验装置和测点布置
1—千斤顶；2—力传感器；3—分配梁；4—实验梁；
5—混凝土应变片；6—钢筋应变片；7—机电百分表

2.实验步骤

(1)将养护28天并贴片的梁上加荷架,就位。

(2)安装仪表,接线,调试仪器,试压1/10破坏荷载。

(3)熟悉仪表,记录百分表初值。

(4)加荷,每级荷载为破坏荷载的1/10。

(5)每级加荷后,读仪器的同学做记录;观察裂缝的同学在梁上用铅笔画出裂缝位置、走向,标出荷载数;绘图者在事先准备的坐标纸上描绘出相应位置。

(6)梁破坏前夕(从应变数值上可分析判断),停止各种观测,加荷时同学应远离实验梁,观察梁破坏特征。

五、实验数据处理

根据实验观察数据绘制适(超)筋梁各级荷载下的挠度变化图和跨中梁截面应变变化图

(受力筋的应变取平均值)。

绘出弯矩(或荷载)与各挠度测点的关系曲线(按三个工作阶段,计算值为实线,测试应变值用虚线标出)。

六、注意事项

(1)调试完仪表之后应先预压,然后再开始实验。
(2)需根据测得的应变数值来准确判断梁的破坏前夕,进而停止各种观察。

七、思考题

(1)在裂缝出现之前跨中应变是否成比例?裂缝出现后跨中应变有何变化,为什么会出现这种情况?
(2)整个实验过程中中和轴变化是如何进行的?
(3)简述适筋梁和超筋梁实验过程中的不同现象,并分析产生差异的原因。
(4)对比理论值与实验值,分析其产生差距的原因。

实验十三 钢筋混凝土柱偏心受压破坏实验

一、实验目的

(1)通过实验了解偏心受压构件理论计算的依据和分析方法；

(2)观察偏心受压柱的破坏特征及强度变化规律,进一步增强对钢筋混凝土构件实验研究和分析的能力；

(3)加强学生对于理论知识的理解和掌握。

二、实验内容

在静荷载作用下,测定柱测向位移和 $L/2$ 截面钢筋及混凝土应变；描绘柱体裂缝出现、扩大与破坏状况及特征；测定开裂荷载值及破坏荷载值。

三、实验仪器与器材

(1)自平衡加力架:500 kN 以上；

(2)油压千斤顶:50~300 kN；

(3)压力传感器:50~300 kN；

(4)静态电阻应变仪:配有可多点测量的平衡箱；

(5)电阻应变片:3×5 (mm)及 5×40 (mm)；

(6)钢卷尺、刻度放大镜及贴片焊线设备；

(7)百分表及磁性表架,玻璃片；

(8)偏心受压钢筋混凝土试件。

实验设备见图 2-13-1,试样尺寸及配筋见图 2-13-2,实验柱装置与测点布置见图 2-13-3。

图 2-13-1

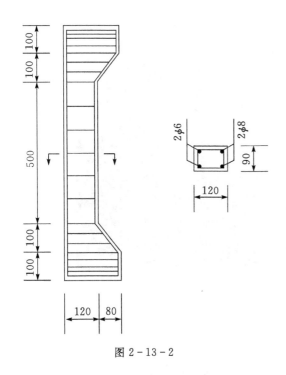
图 2-13-2

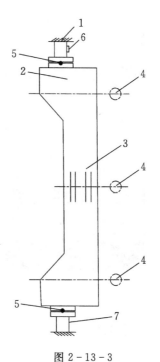
图 2-13-3
1—加力架承压板；2—实验柱；
3—横截面电阻片；4—位移计；
5、7—支座；6—力传感器

四、实验方法及步骤

(1) 实验前测量柱子尺寸及力作用点偏心矩；

(2) 预备实验时，预载值取计算破坏荷载的 20% 左右；同时，加载后测取读数，观察实验柱，仪表装置工作是否正常，及时排除故障后，才能进行正式实验；

(3) 正式实验开始时，预加 5% 初荷载，调试仪器，按计算破坏荷载的 20% 分级加载，每级稳定 5 min 后读取实验数据，当接近开裂荷载时，加载值应减至原分级的一半或更小，并注意观察裂缝发展情况，同时拆除构件上装置的位移计后，再继续加载到破坏；

(4) 裂缝的出现和发展用目视或读数显微镜观察，每级荷载下的裂缝发展情况应进行记录和描述。

实验过程见图 2-13-4 和 2-13-5。

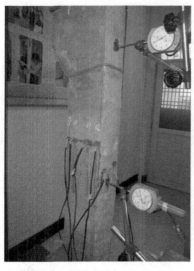
图 2-13-4

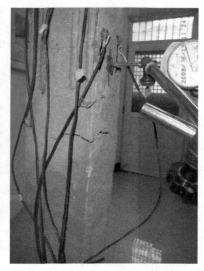
图 2-13-5

五、实验数据处理

(1)绘出荷载作用下的裂缝开展图,标出主要裂缝出现时的荷载值;
(2)计算侧向位移、绘出计算与实测的 p-f 关系曲线图;
(3)计算受拉区出现裂缝时的荷载值、受压区出现裂缝时荷载、破坏荷载、破坏时钢筋最大应力,分析误差产生的原因;
(4)分析实验中出现的问题,提出解决问题的办法;
(5)对实验中出现的现象及与理论课中产生的误差进行讨论和分析。

六、注意事项

(1)实验前注意检查实验仪器、设备安装工作是否正常;
(2)正式加载前需采用破坏荷载的 20% 进行预加载;
(3)测试前需进行平衡清零且初读,在数据都基本归零的情况下再加载;
(4)只能在加载完成 5 min 之后再开始采样读数,确保结构弹性变形完全;
(5)近开裂时加载值应减至原分级的一半或更小。

七、思考题

(1)偏心受压的破坏现象与哪些情况有关?
(2)大、小偏心受压构件破坏形式有何特点?
(3)为什么接近开裂时加载值应减至原分级的一半或更小?这样做的目的是什么?

实验十四　T形梁桥荷载横向分布系数实验

一、实验目的

(1)掌握量测计算 T 形梁桥荷载横向分布系数的基本方法。

(2)深化学生对荷载横向分布系数计算理论的理解,验证桥梁荷载横向分布系数的计算方法。

(3)通过对挠度测量,从感性上了解和认识影响梁桥荷载横向分布作用的各种因素和分布规律,从而为学习梁桥荷载横向分布计算理论打下基础。

(4)通过实验,要求熟悉几种常用静态测试仪器仪表的性能、安装和使用方法,初步了解桥梁结构静载实验的一般程序和测试方法。

二、实验模型介绍

本实验选用按桥梁标准图比例缩尺加工制作的 T 形梁桥结构实验模型(该模型尺寸及材料特性都已在前期做过测定,现已给出)。该模型选用铝合金材质,其应力与应变一般呈线性关系,具有弹性,加工制作也比较方便,且能多次重复利用。通过百分表来量测 T 形梁桥结构实验模型在外荷载作用下的应力和应变,并计算该梁桥结构实验模型的横向分布系数。

三、实验仪器与器材

1.加载设备

利用油压千斤顶对模型施加集中荷载。采用力传感器控制所施加力的大小。该加载点位置可以任意移动,可对模型任何位置施加荷载。

2.测量设备及仪表

由于本实验只需测取模型在荷载作用下的挠度,因此从方便测试的角度出发,选择用机电百分表测其挠度。

四、实验方法及步骤

1.测试工况

为了更好地理解荷载横向分布效应,本实验将分三种工况进行加载:

(1)集中荷载在 1# 梁跨中分三级加载;
(2)集中荷载在 2# 梁跨中分三级加载;
(3)集中荷载在 3# 梁跨中分三级加载。

2. 测试内容

测试在集中荷载作用下各种横向连接形式的 T 形梁桥模型各梁跨中截面及 $L/4$ 截面的挠度变形变化规律。

3. 测点布置

由于本模型是架设在刚度很大的钢梁上,实验施加荷载又较小,所以支座变位可以忽略不计。因此挠度测点布置在跨中断面及 $L/4$ 截面上,测点布置如 2-14-1 所示。

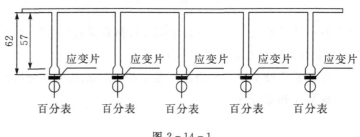

图 2-14-1

4. 实验步骤

(1)检查模型和实验装置,安装百分表;
(2)首先进行预加载,检查仪表是否工作正常,如发现异常及时排除;
(3)正式实验,用加载设备缓慢加载,加载到最大荷载后持荷 5 min,然后采集各测点读数;
(4)加载读数完毕以后缓慢卸载,卸载完毕后采集各测点残余值;接着完成其余两个工况测试。

五、实验数据处理

(1)对实验中测得的各工况原始的挠度数据进行整理;
(2)将各工况荷载作用下的各梁实测挠度值列表;
(3)根据实测数据绘制每种工况下、每级荷载下 T 形梁的挠度横向分布曲线;
(4)将实验结果与教材所讲几种横向分布系数理论计算结果进行比较分析。

六、注意事项

(1)实验前注意检查百分表,确保其接触牢靠、垂直;
(2)正式加载前须采用全部荷载的 40% 进行预加载;

(3)在每一工况测试前须进行平衡清零且初读,在数据都基本归零的情况下再加载;

(4)在每一工况荷载卸载完以后还需采样读取结构的残余数据,因为结构的弹性变位(应变)是加载稳定后测量值与卸载稳定后的测量值的差值;

(5)只能在加(卸)载完成 5 min 之后再开始采样读数,确保结构弹性变形完全;

(6)每次采样读数需采集三组数据,每组间隔至少 10 s,每组数据之间应差别不大才能结束本次采样;分析处理时采用三组数据的平均值。

七、思考题

(1)量测模型几何尺寸、确定模型材料的物理力学性质的目的何在?

(2)加载前的初始读数与卸载后的残余读数有何用处?其意义是什么?

(3)为什么实际测量值与理论计算值存在偏差?

实验十五　无铰拱桥模型受力分析实验

一、实验目的

(1) 通过对无铰拱桥及连拱模型的挠度和应力应变的测量,从感性上了解和认识无铰板拱基本构造特征、传力过程、受力特性和内力分布以及拱桥连拱作用的基本受力特征。

(2) 通过实验要求熟悉几种常用静态测试仪器仪表的性能、安装和使用方法,初步了解桥梁结构静载实验的一般程序和测试方法。

二、实验模型介绍

本实验选用按桥梁标准图比例缩尺加工制作的(裸)拱桥结构实验模型,该模型选用有机玻璃材质。因为本实验需测量的物理量是梁式桥结构在弹性范围内的应力和应变,而有机玻璃材料具有弹性,其应力与应变一般呈线性关系,加工制作也比较方便,且能多次重复利用。

三、实验仪器与器材

1. 加载设备

将拱桥模型架设在钢梁上,利用杠杆原理对模型施加集中荷载。该加载点位置可以任意移动,可对模型任何位置施加荷载,见图 2-15-1。

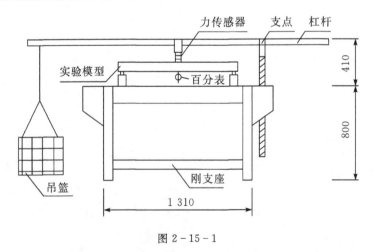

图 2-15-1

2.测量设备及仪表

由于本实验只需测取模型在荷载作用下的挠度和应力应变等物理量,因此从方便测试的角度出发,选择用力传感器测量集中荷载大小,用机电百分表测其挠度,用电阻应变片测量应变,用桥梁静态采集仪器进行数据的采集和存储。

四、实验方法及步骤

1. 测试工况

单拱测试工况:
(1)集中荷载在拱顶加载;
(2)集中荷载在 $L/4$ 截面加载;
连拱测试工况:
(1)集中荷载在第一孔拱顶加载;
(2)集中荷载在第二孔拱顶加载;

2. 测试内容
(1)测试各工况在集中荷载下拱桥模型各测试截面的应力应变变化规律;
(2)测试各工况在集中荷载下拱桥模型各测试截面的位移变化规律。

3. 测点布置

应力应变测点分别布置在拱脚、$L/4$ 断面、拱顶断面、$3L/4$ 断面的顶面和底面;竖向位移测点布置在 $L/4$ 断面、拱顶断面、$3L/4$ 断面的底面;在拱座墩台布置侧向位移测点。

4. 实验步骤
(1)检查模型和实验装置,安装各种仪器和器材;
(2)进行预加载,检查仪表是否工作正常,如发现异常及时排除;
(3)正式实验,用加载设备分级加载,采集各测点的应变和挠度数据;
(4)加载读数完毕以后缓慢卸载,卸载完毕后采集各测点残余值;接着完成其余三个工况测试。

五、实验数据处理

(1)对实验中测得的各工况原始的应变和挠度数据进行整理;
(2)将各工况荷载作用下的各梁实测应变和挠度值列表;
(3)分析实验结果数据,与理论结果进行对比。

六、注意事项

(1)实验前注意检查百分表,确保其接触牢靠、垂直;

(2)正式加载前需采用全部荷载的40%进行预加载；

(3)在每一工况测试前需进行平衡清零且初读，在数据都基本归零的情况下再加载。

七、思考题

(1)连拱与单拱受力形式有何异同？连拱作用说明什么问题？何种受力应考虑连拱作用？

(2)集中力在横向变动时，沿桥宽方向的截面内力分布是否均匀变化？板拱理论不考虑荷载横向分布的影响是否合理？

(3)实验值如何选取？有哪些注意事项？如何判断实验值是否可靠？

实验十六　桥梁结构静力荷载实验

一、实验目的

(1)检验桥梁结构的设计与施工质量,验证结构的安全性与可靠性。
(2)验证桥梁结构的设计理论和计算方法,充实与完善桥梁结构的计算理论与施工技术。
(3)掌握桥梁结构的工作性能,判断桥梁结构的实际承载能力。

本实验选取既有实际桥梁进行静力荷载实验,从而掌握桥梁结构的工作性能,判断桥梁结构的实际承载能力。

二、实验内容

桥梁结构静力荷载实验是一项复杂而细致的工作,它是按照预定的实验目的与实验方案,将静止的荷载作用在桥梁的指定位置上,观测桥梁结构的静力位移、静力应变、裂缝等参量的实验项目,然后根据相关规范和规程指标,判断桥梁结构在荷载作用下的工作性能及使用性能。主要内容为:

(1)明确实验的目的;
(2)实验的准备工作;
(3)加载方案的设计;
(4)测点设置与测试;
(5)加载控制与安全措施;
(6)实验结构分析与承载能力评定。

三、实验仪器与器材

(1)桥梁结构选取实际桥梁结构;
(2)裂缝宽度观测仪;
(3)机械式百分表、磁性表座;
(4)75%酒精溶液、酚酞、卡尺;
(5)电阻应变片、电阻应变仪;
(6)加载车辆;
(7)钢管支架。

四、实验方法及步骤

1. 收集技术资料

桥梁技术资料包括桥梁设计文件、施工记录、原有实验资料、桥梁养护与维修记录、环境因素的影响、现有交通量及重载车的情况等方面,掌握这些资料能使我们对于实验桥梁的技术状况有一个全面的了解。

2. 桥梁现状检查

通过对桥梁现状的检查,能使我们对实验桥梁的现状作出宏观的判断。具体检查内容如下:

(1)桥面平整度、排水情况、纵横坡的检查;

(2)承重结构开裂与否及裂缝分布情况,有无露筋及钢筋锈蚀程度,混凝土剥落、碳化程度等情况的检查;

(3)支座是否老化,河流冲刷情况,基础有无冻融灾害等方面的检查。

3. 实验孔(或墩)的选择

一般来说,对于结构型式与跨度相同的多孔桥跨结构,可选择具有代表性的一孔或者几孔进行加载实验量测;对于结构型式不同的多孔桥跨结构,应按照不同的结构型式分别选取具有代表性的一孔或者几孔进行实验;对于预制梁,应根据不同的跨度及制梁工艺,按照一定的比例进行随机抽查实验。除此之外,实验对象的选择还应综合考虑以下条件:

(1)实验孔或实验墩台的计算受力状态最为不利;

(2)实验孔或实验墩台的破损或缺陷比较严重;

(3)实验孔或实验墩台便于搭设脚手支架、布置测点及加载。

此外,选择实验孔的工作与制定计划前的调查工作结合进行。

4. 理论分析计算

一般情况下,理论分析包括设计内力计算和实验荷载效应计算两个方面。

(1)设计内力计算

设计内力计算是按照实验桥梁的设计图纸与设计荷载,选取合理的计算图示,按照设计规范,采用专业桥梁计算软件或通用分析软件,计算出结构的设计内力。一般地,由于恒载已作用在桥梁结构上,设计内力计算多指活载内力计算,即按照《公路桥涵设计通用规范》(JTG D60—2004)计算活载在各控制截面最不利的活载内力。对于常见桥型,控制截面的数量多少取决于准确地绘制出内力包络图的需要,控制截面最不利活载内力计算的一般方法是先求出该截面的各类影响线,然后进行影响加载,再按照车道数、冲击系数和车道折减系数计算出该截面的最不利活载内力。

(2)实验荷载效应计算

实验荷载效应计算是在设计内力计算的基础上,来确定加载位置、加载等级以及在实验荷载作用下结构反应大小的过程,是一个反复试算的过程。在不影响主要实验目的的前提下,一般采用内力或变形等效的加载方式,及计算出设计标准荷载对控制截面产生的最不利内力,以此作为控制值,然后调整实验荷载使该截面内力逐渐达到此控制值。为保证实验效果,在选择实验荷载大小及加载位置时应采用静载实验效率 η 进行控制,即:

$$\eta = \frac{s_t}{s_d(1+\mu)} \quad (16-1)$$

式中:s_t——实验荷载作用下,检测部位变形或内力的计算值;

s_d——设计标准荷载作用下,检测部位变形或内力的计算值;

μ——设计取用冲击系数。

η 取值宜在 0.8~1.05 之间。当桥梁调查、验算工作比较充分完善时,η 可采用低限值;当桥梁调查、验算工作不充分,尤其是缺乏设计计算资料时,η 可采用高限值。

在计算实验荷载效应时,首先,要根据控制截面的设计内力及加载设备的种类初步确定加载位置、加载等级,以使实验荷载逐级达到截面的设计内力,实现预定的加载效率。同时,应计算其他控制截面在实验荷载作用下的设计内力,如未超过其设计内力,说明实验荷载的加载位置、加载等级有效且安全,如超过其设计内力,则应重新调整实验荷载的加载位置、加载等级,直至找到既可使控制截面达到加载效率、又使其他截面在实验荷载作用下不超过其设计内力的加载方式为止。其次,根据最终确定的加载等级、加载位置及加载重量,计算出实验桥梁各级实验荷载作用下的结构性能,包括实验桥梁各应力测试截面的应力应变,各挠度测点的挠度,必要时还要根据实验桥梁的受力特点,计算出各测点的扭角、水平位移等结构反应,以便与实测值进行比较,评价该桥的工作性能。

5.制定实验方案

(1)选择加载设备:桥梁结构静力荷载实验的加载设备应根据实验目的的要求、现场条件、加载量的大小和经济方便的原则选用。对现场静载实验,常用的加载设备主要有三种,即利用车辆荷载加载、利用重物加载和利用专门的加力架加载。

由于车辆加载具有便于运输、加载卸载方便迅捷等优点,故在桥梁结构静力荷载实验中较为常用。利用车辆荷载加载时需注意两点:一是对加载车辆应严格称重,保证实验车辆与理论计算时车辆的取用值相差不超过 5%;二是尽可能采用与标准车相近的加载车辆,此时,应测量车轴之间的距离,如轴距与标准车差异较大时,应根据实际轴距与重量重新计算实验荷载所产生的结构内力与结构反应。

(2)制定加载卸载程序:加载卸载程序就是实验期间荷载与时间的关系,如加载速度的快慢、分级荷载量值的大小、加载、卸载的流程等。通常加载程序确定的基本原则可归纳如下:

① 加载、卸载应分级递加或递减,不宜一次完成。

② 正式加载前需对实验桥梁进行预加载。

③ 当实验桥梁状况较差或存在缺陷时,应尽可能增加加载等级,并在实验中密切监测结构的反应,以便在实验过程中根据实测数据对加载程序进行必要的调整或及时终止实验,以确保实验桥梁、量测设备和人员的安全。

④ 一般情况下,加载车辆全部到位、达到设计内力后可进行卸载,卸载可采用 2~3 分级

卸载,并尽量使卸载的部分工况与加载的部分工况相对应,以便进行修改。

(3)选择加载时间:为减少温度变化对实验造成的影响,加载实验时间以 22:00 至次日早晨 6:00 为宜。对于采用车辆等加载卸载迅速的实验方式,如夜间实验照明等有困难时也可安排在白天进行实验,但在晴天或多云天气下进行加载实验时,每一加载周期所花费的时间不宜超过 20 min。

6. 测点的布置

测点的布置应遵循必要、适量、方便观测的基本原则,并使观测数据尽可能准确、可靠。测点布置可按照以下几点进行。

①测点的位置应具有较强的代表性,以便进行测试数据分析。一般情况下,测点的布设应能观测到结构最大挠度和最大应变,例如简支梁桥跨中截面的挠度最大,该截面上下缘混凝土的应力也最大,这种很有代表性的测点必须设法予以量测。

②测点的设置一定要有目的性,避免盲目设置测点。

③测点的布置也要有利于仪表的安装和观测读数,并对实验操作是安全的。

④为了保证测试数据的可靠性,尚应布置一定数量的校核性测点。

⑤实验时,可利用结构对称互等原理进行数据分析校核,适当减少测点数量。

7. 现场准备及测试工作安排

静力荷载实验应在现场指挥的统一指挥下按计划有秩序进行。首先检查不同分工的测试人员是否各行其职;交通管理、加载(或司机)和联络人员是否到位;加载设备、通信设备和电源(包括备用电源)是否准备妥当;加载位置测点放样和测试仪器安装是否正确。其次调试仪器(自动记录时对测试仪表数据采集和记录设备进行联接),利用过往车辆(或初试荷载)检查各测点的观测值的规律性,使整个测试系统进入正常工作状态。然后记录气候天气情况和实验开始时间,正式实验。

8. 实验加载与观测

① 温度稳定观测:仪表安装完毕后,一般在加载实验之前应对各测点进行一段时间的温度稳定观测,中间可每隔 10min 读数一次。观测时间应尽量选择在加载实验时外界气候条件对观测造成误差的时间范围内,用于测点的温度影响修正。

② 按照指定的实验加载方案依次对实验桥梁进行加载。

③ 仪表数据读取:在不同的实验荷载工况下,读取相应的百分表和电阻应变仪的实验数据。

④ 裂缝观测:加载实验中裂缝观测的重点是结构承受拉力较大部位及旧桥原有裂缝较长、较宽的部位。在这些部位应测量裂缝长度、宽度,并在混凝土表面沿裂缝走向进行描绘。加载过程中观测裂缝长度及宽度的变化情况,可直接在混凝土表面进行描绘记录,也可采用专门表格记录。加载至最不利荷载及卸载后应对结构裂缝进行全面检查,尤其应仔细检查是否产生新的裂缝,并将最后检查情况填入裂缝观测记录表,必要时可将裂缝发展情况绘制成裂缝展开图。

五、实验数据处理与桥梁承载力评定

静力荷载实验的原始实验数据数量庞大、不直观，不能直接用于评定承载能力，故进行承载力评定之前必须对它进行处理分析，得出直接进行承载能力评定的指标，以满足承载力评定的需要。

1. **实验数据分析**

(1) 测量值修正：根据各类仪表的标定结果进行测试数据的修正。

(2) 温度影响修正：温度对测试的影响比较复杂，一般可采用综合分析的方法来进行温度影响修正，即利用加载实验前的温度稳定来观测数据，建立温度变化（测点处构件表面温度或空气温度）和测点测值（应变和挠度）变化的线性关系，然后进行温度修正计算。

(3) 支点沉降影响的修正：当支点沉降量较大时，应修正其对测点挠度值的影响，修正量可按下式计算：

$$C = \frac{l-x}{l}a + \frac{x}{l}b \tag{16-2}$$

式中：C——测点的支点沉降影响修正量；

l——A支点到B支点的距离；

x——挠度测点到A支点的距离；

a——A支点沉降量；

b——B支点沉降量；

2. **各测点变形与应变的计算**

根据量测数据，应做下列计算：

总变位（或总应变）

$$s_t = s_l + s_i \tag{16-3}$$

弹性变位（或弹性应变）

$$s_e = s_l + s_u \tag{16-4}$$

残余变位（或残余应变）

$$s_p = s_t + s_e = s_u - s_e \tag{16-5}$$

式中：s_t——加载前测量值；

s_l——加载达到稳定时测量值；

s_u——卸载后达到稳定时测量值。

3. **应力计算**

根据测量得到的测点应变，当结构处于线弹性工作状态时利用应力应变关系计算测点的应力。

4. **实验结果与理论分析的比较**

为了评定结构整体受力性能，需对桥梁荷载实验结果与理论分析值进行比较，以检验新建

桥是否达到设计要求的荷载标准,或判断旧桥的承载能力。比较时将结构位移、应变等实验值与理论计算值列表进行比较,对结构在最不利荷载工况作用下主要控制测点的位移、应力的实测值与理论分析值,要分别绘出"荷载-位移"($P-\Delta$)曲线、"荷载-应力"($P-\sigma$)曲线,并绘出最不利荷载工况下位移沿结构(纵、横向)分布曲线和控制截面应变(沿高度)分布图,绘制结构裂缝分布图(对裂缝编号,注明长度、宽度、初裂荷载以及裂缝发展情况)。

采用结构校验系数量化描述实验与理论分析值比较的结果:

$$\eta = \frac{s_e}{s_t} \tag{16-6}$$

式中:s_e——实验荷载作用下量测的弹性变位(或应变)值;

s_t——实验荷载作用的理论计算变位(或应变)值。

s_e 与 s_t 的比较可用实测的横截面平均值与计算值比较,也可考虑荷载横向不均匀分布而选用实测最大值与考虑横向增大系数的计算值进行比较。横向增大系数最好采用实测值,如无实测值也可采用理论计算值。

5. 荷载实验成果分析与承载能力评定

经过荷载实验的桥梁,应根据整理的实验资料分析结构的工作状况,进一步评定桥梁承载能力,为新建桥验收做出鉴定结论,或作为旧桥承载力鉴定检算的依据。一般进行下列分析评定工作。

(1)结构工作状态:

① 校验系数。校验系数 η 是评定结构工作状况、确定桥梁承载能力的一个重要指标。不同结构形式的桥梁其 η 值常不相同,η 值常见的范围可参考表 2-16-1。η 值越小结构的安全储备越大。η 值过大或过小都应该从多方面分析原因。

表 2-16-1 桥梁校验系数常值表

桥梁类型	应变(应力)校验系数	挠度校验系数
钢筋混凝土板桥	0.20~0.40	0.20~0.50
钢筋混凝土梁桥	0.40~0.80	0.50~0.90
预应力混凝土桥	0.60~0.90	0.70~1.00
圬工拱桥	0.70~1.00	0.80~1.00

② 实测值与理论值的关系曲线。由于理论的变位(或应变)一般系按线性关系计算,所以如测点实测弹性变位(或应变)与理论计算值成正比,其关系曲线接近于直线,说明结构处于良好的弹性工作状况。

③ 相对残余变位(或应变)。测点在控制荷载工况下的相对残余变位(或应变)s_p/s_t 越小说明结构越接近弹性工作状况。一般要求 s_p/s_t 值不大于20%,当 s_p/s_t 大于20%时,应查明原因。如确系桥梁强度不足,应在评定时,酌情降低桥梁的承载能力。

(2)结构强度及稳定性:当荷载实验项目比较全面时,可采用荷载实验主要挠度测点的校

验系数 η 来评定结构的强度和稳定性。

（3）地基与基础：当实验荷载作用下墩台沉降、水平位移及倾角较小，符合上部结构检算要求，卸载后变位基本回复时，认为地基与基础在检算荷载作用下能正常工作。

当实验荷载作用下墩台沉降、水平位移、倾角较大或不稳定，卸载后变位不能回复时，应进一步对地基、基础进行探查、检算，必要时应对地基基础进行加固处理。

（4）结构刚度要求：实验荷载作用下，主要测点挠度校验系数 η 应不大于 1。各点的挠度不超过《公路桥涵设计通用规范》的相关规定。

（5）裂缝：对于新建桥，实验荷载作用下预应力结构不应出现裂缝，钢筋混凝土结构裂缝不超过《公路桥涵设计通用规范》的允许值。

通过对桥梁结构工作状况、强度稳定性、刚度和抗裂性各项指标进行综合评定，并结合结构下部评定和动力性能评定，综合给出桥梁承载能力评定结论。

六、注意事项

（1）仪表的测读应准确、迅速并记录在专门的表格上，以便于资料的整理和计算。记录者应对所有测点量测值变化情况进行检查，看其变化是否符合规律，尤其应着重检查第一次加载时量测值变化情况。对工作反常的测点应检查仪表安装是否正确，并分析其他可能影响其正常工作的原因，及时排除故障。

（2）发生下列情况应中途终止加载：
①控制测点应力值已达到或超过用弹性理论、按规范安全条件反算的控制应力值时；
②控制测点变位（或挠度）超过规范允许值时；
③由于加载，使结构裂缝的长度、缝宽急剧增加，新裂缝大量出现，缝宽超过允许值的裂缝大量增多，对结构使用寿命造成较大的影响时；
④拱桥加载时沿跨长方向的实测挠度曲线分布规律与计算值相差过大，或实测挠度超过计算值过多时；
⑤发生其他损坏，影响桥梁承载能力或正常使用时。

七、思考题

（1）简述桥梁结构静力荷载实验的整个过程。
（2）实验荷载的大小和加载位置是如何确定的？
（3）测点的布设需考虑哪些方面因素的影响？

实验十七　桥梁结构基本动力参数测试实验

一、实验目的

(1)掌握采用强迫振动法测定桥梁结构基本动力参数的原理、方法和步骤；
(2)掌握实验量测数据的处理和分析方法。

二、实验原理

载重车以由低到高的不同速度驶过桥梁，使结构产生不同程度的强迫振动。在若干次运行车辆荷载实验中，当某一行驶速度产生的激振力的频率与结构的固有频率相接近时，结构便产生共振现象，此时结构各部位的振动响应达最大值。在车辆驶离桥跨后，结构作自由衰减振动，这时可由记录到的波形曲线分析得出结构的动力特性(结构自振频率、阻尼比和冲击系数)。

三、实验仪器与器材

(1)选取实际桥梁结构；
(2)载重车辆；
(3)DEWE-3010 动态测试分析仪；
(4)电容式加速度传感器；
(5)6M92 动态应变仪；
(6)动挠度计。

四、实验方法及步骤

1. 测试截面的选择和测点布置

根据桥梁结构特点，为了有效地测得结构的动力性能，将测点布置在每孔一阶振型幅值最大的截面，并在测试截面安置动挠度计及加速度传感器。

2. 实验荷载

实验荷载采用 350 kN 加载车 1 辆，分别以不同车速匀速跑车过桥，采集动力响应信息。

3. 结构动力分析

采用结构动力分析程序进行桥梁结构的建模与分析。在进行上部结构的建模时，计入桥面板及桥面铺装的影响。经分析计算得出该桥竖向振动一阶基频和振型。

4.实验工况

工况 1：一辆 350 kN 载重车以 30 km/h 的速度匀速无障碍通过；

工况 2：一辆 350 kN 载重车以 40 km/h 的速度匀速无障碍通过；

工况 3：一辆 350 kN 载重车以 50 km/h 的速度匀速无障碍通过；

工况 4：一辆 350 kN 载重车以 60 km/h 的速度匀速无障碍通过。

5.实验过程

(1)清理桥面,确保实验车无障碍行驶。

(2)安装加速度传感器及动态应变仪,并联机调试仪器。

(3)实验中,车辆居中行驶,进入实验段以前将车速调准到工况对应车速值,匀速通过。

(4)为了减少混凝土流变特性的影响,并使上次的振动恢复,每个工况结束约 10 min 后再进行下一工况测试,以确保数据可靠性。

五、实验数据处理及分析

1.实验数据处理

实验数据利用 DASYLab5.0 软件处理,在频域和时域中进行频谱分析和时程分析,根据自相关谱、互相关谱、各点相位及相干系数确定桥梁基频,时程曲线、频谱曲线以图形形式输出。

2.实验结果分析

动载实验结果包括桥梁的时域曲线、频域曲线、动挠度曲线,由此可得桥梁结构的基频、阻尼比和冲击系数等主要动力性能参数。

(1)阻尼比

根据下式对桥梁的时域曲线进行分析,可得桥梁结构实测的阻尼比：

$$D_n = \ln\left(\frac{A_n}{A_{n+1}}\right)/2\pi$$

式中：D_n——结构阻尼比；

π——圆周率；

A_n——第 n 个波的振幅值；

A_{n+1}——第 $n+1$ 个波的振幅值。

(2)基频

将实测振动信号时域曲线经傅里叶变换为频域曲线进行频谱分析,可得到桥梁结构竖向一阶振动频率(基频)。

(3)冲击系数

根据各工况的实测动挠度曲线,通过下式计算桥梁的冲击系数：

$$1+\mu = \frac{Y_{d\max}}{Y_{\text{mean}}}$$

式中：$Y_{d\max}$——最大的动挠度值；

Y_{mean}——与最大的动挠度值相应的最大静挠度值。

理论冲击系数根据《公路桥涵设计通用规范》的相关规定进行计算。

将基频实测值和冲击系数实测值分别与理论计算值进行比较，从而对桥梁结构刚度、整体性和动力特性进行评价。

六、注意事项

(1)传感器的测点布置视结构形成而定，一般要根据理论分析估计振型的大致形状，然后在变位较大的部位布点，以便较好地连接出振型曲线。

(2)在跑车的时候，尽量选择驾驶技术熟练的司机，以确保实验时车速的准确性和实验结果的可靠性。

七、思考题

(1)分析实测基频和冲击系数与计算值产生差异的原因。

(2)论述采用强迫振动法检测桥梁结构基本动力参数的基本原理。

(3)桥梁结构的固有频率和相应的振型有无限多个，为什么本实验只分析一阶频率，而不考虑更高阶的频率？

第三部分 实验报告

实验一　裂缝宽度观测仪标定与使用

实验日期：_____　　　组别：_____　　　成绩：_____

一、实验目的

二、实验仪器及其标定和使用方法

三、实验内容和步骤

四、实验数据记录

表 3-1-1　实验数据

裂缝	裂缝宽度			裂缝	裂缝宽度		
	次数	读数	平均值		次数	读数	平均值
裂缝 1	第一次			裂缝 2	第一次		
	第二次				第二次		
	第三次				第三次		
裂缝 3	第一次			裂缝 4	第一次		
	第二次				第二次		
	第三次				第三次		
裂缝 5	第一次			裂缝 6	第一次		
	第二次				第二次		
	第三次				第三次		
裂缝 7	第一次			裂缝 8	第一次		
	第二次				第二次		
	第三次				第三次		
裂缝 9	第一次			裂缝 10	第一次		
	第二次				第二次		
	第三次				第三次		

五、思考题

(1)使用裂缝宽度观测仪时应注意哪些问题？

(2)在实际桥梁检测中,由于桥下净空过高等原因限制,导致测量人员无法接触梁底时,该如何观测主梁底部裂缝宽度？

实验二　百分表的标定与使用

　　　　实验日期：_____　　　组别：_____　　　成绩：_____

一、实验目的

二、实验仪器及其标定和使用方法

三、实验内容和步骤

四、实验数据记录

表 3-2-1　实验数据

荷载	百分表位置	读数	平均值	荷载	百分表位置	读数	平均值
25 N	L/4 处			50 N	第一次		
	L/2 处				第二次		
	3L/4 处				第三次		
75 N	第一次			100 N	第一次		
	第二次				第二次		
	第三次				第三次		
125 N	第一次			150 N	第一次		
	第二次				第二次		
	第三次				第三次		

五、思考题

(1)使用百分表时应注意哪些问题？

(2)测量时为何不将百分表直接固定在混凝土梁试件上？

(3)测量时支架为何要与被测结构物分开,如果支架与被测构件连接在一起对测量结果有什么影响？

实验三　钢筋直径/保护层厚度测试仪的使用

实验日期：_____　　组别：_____　　成绩：_____

一、实验目的

二、实验仪器及其使用方法

三、实验内容和步骤

四、实验数据记录
　　1.定位钢筋

图 3-3-1　钢筋布置图

　　2.混凝土保护层厚度

表 3-3-1　混凝土层保护层厚度测试数据

位置	测点编号	1	2	3	4	5
	X 轴					
	Y 轴					
保护层厚度/mm						
保护层厚度最小值/mm						

五、思考题
(1)简述钢筋直径/保护层厚度测试仪检测钢筋的位置、保护层厚度和钢筋直径的原理。

(2)有一些结构的钢筋间距小于第一层和第二层的钢筋最小间距,当测量这些钢筋时,保护层厚度示值和钢筋的直径会变高还是变低?为什么?

实验四　电阻应变片的粘贴实验

实验日期：_____　　组别：_____　　成绩：_____

一、实验目的

二、实验仪器及器材

三、电阻应变片测量应变片的原理

四、电阻应变片的粘贴步骤

五、电阻应变片粘贴过程需注意的事项

六、思考题
(1)电阻应变片的好坏与哪些工作性能有关？

(2)在同样的实验条件下,所用应变片电阻值相差过大对实验测量结果有何影响？

实验五　静态电阻应变仪操作实验

实验日期：_____　　组别：_____　　成绩：_____

一、实验目的

二、实验仪器性能及使用方法

三、实验步骤

四、实验数据

表 3－5－1　实验数据记录表

荷载	应变($\mu\varepsilon$)		
	第一次	第二次	第三次
0 N			
10 N			
20 N			
30 N			
40 N			

五、实验数据处理

六、思考题
(1) 简述不同组桥方式的特点及优缺点。

(2) 在使用电阻应变仪时,需注意哪些问题?

(3) 查阅相关资料,思考如何在实验中考虑温度补偿的问题?

实验六　混凝土碳化深度检测实验

　　实验日期：_____　　组别：_____　　成绩：_____

一、实验目的

二、实验器材

三、实验原理

四、实验方法及步骤

五、实验数据

表 3-6-1 实验数据记录表

测区	测孔	碳化深度值/mm						
		①	②	③	④	⑤	⑥	⑦
一	1							
	2							
	3							
二	1							
	2							
	3							
三	1							
	2							
	3							
四	1							
	2							
	3							

六、实验数据处理

七、思考题

(1) 为什么要使用酚酞试剂,可以用其它试剂代替酚酞试剂吗?

(2) 测量混凝土碳化深度都有哪些作用?

实验七　回弹法测定混凝土强度

实验日期：_____　　组别：_____　　成绩：_____

一、实验目的

二、实验器材

三、实验原理

四、实验方法及步骤

五、实验数据

1. 实验回弹值

表 3-7-1　回弹值记录表

测区编号	测区位置	回弹值							
		(1)	(2)	(3)	(4)	(5)	(6)	(7)	(8)
		(9)	(10)	(11)	(12)	(13)	(14)	(15)	(16)
一									
二									
三									
四									
五									
六									
七									
八									
九									
十									
十一									

2. 实验碳化深度值

表 3-7-2 碳化深度值记录表

测区	测孔	碳化深度值/mm						
		①	②	③	④	⑤	⑥	⑦
一	1							
	2							
	3							
二	1							
	2							
	3							
三	1							
	2							
	3							
四	1							
	2							
	3							

六、实验数据处理

七、思考题

（1）非水平方向的回弹值和混凝土浇筑侧面的回弹值为什么需要修正？

（2）用回弹法测量混凝土强度为什么还需进行混凝土碳化深度的实验？

（3）回弹法测量混凝土强度需注意哪些细节问题？

（4）简述减小回弹法误差的方法。

实验八　钻芯法测定混凝土强度

实验日期：_____　　组别：_____　　成绩：_____

一、实验目的

二、实验器材

三、实验原理

四、实验方法及步骤

五、实验数据

表 3-8-1　实验数据记录表

芯样编号	芯样位置	芯样高度	芯样直径			抗压实验最大压力/N
			第一次	第二次	平均值	

六、实验数据处理

七、思考题

(1) 简述钻芯法测定混凝土强度的使用条件。

(2) 钻取的芯样有哪些要求？为什么要这样要求？

(3) 芯样端面补平的方法有哪些？简述其具体步骤。

实验九　超声法检测混凝土强度

实验日期：_____　　组别：_____　　成绩：_____

一、实验目的

二、实验仪器及其使用方法

三、实验原理

四、实验方法及步骤

五、实验数据

表 3-9-1 实验数据记录表

测区标号	测区位置	测距/mm	测孔编号	声时值/μs

六、实验数据处理

七、思考题

(1) 本实验是如何通过超声法来检测混凝土强度的?

(2) 超声波检测仪在使用过程中需要注意哪些问题?

实验十　超声回弹综合法检测混凝土强度

实验日期：_____　　　组别：_____　　　成绩：_____

一、实验目的

二、实验仪器

三、实验原理

四、实验方法及步骤

五、实验数据
1. 实验回弹值

表 3－10－1　回弹值记录表

测区编号	测区位置	回弹值							
		(1)	(2)	(3)	(4)	(5)	(6)	(7)	(8)
		(9)	(10)	(11)	(12)	(13)	(14)	(15)	(16)
一									
二									
三									
四									
五									
六									
七									
八									
九									
十									
十一									

2. 实验碳化深度值

表 3-10-2 碳化深度值记录表

测区	测孔	碳化深度值/mm						
		①	②	③	④	⑤	⑥	⑦
一	1							
	2							
	3							
二	1							
	2							
	3							
三	1							
	2							
	3							
四	1							
	2							
	3							

3. 实验声时值

表 3-10-3 实验数据记录表

测区标号	测区位置	测距/mm	测孔编号	声时值/μs

六、实验数据处理

七、思考题
（1）回弹仪法和超声法都能检测混凝土强度，为什么还要使用超声回弹法来检测混凝土强度？

（2）简述由测量数据推算混凝土强度的全过程。

实验十一　超声法检测混凝土缺陷

实验日期：_____　　组别：_____　　成绩：_____

一、实验目的

二、实验仪器

三、实验原理

四、实验方法及步骤

五、实验数据

1. 混凝土均匀性检测

表 3-11-1　混凝土均匀性检测数据

测点编号	换能器间距离 /mm	声时值 /μs	测点编号	换能器间距离 /mm	声时值 /μs

2. 混凝土表面损伤检测

表 3-11-2　混凝土表面损伤检测数据

测点编号	换能器间距离 /mm	声时值 /μs	测点编号	换能器间距离 /mm	声时值 /μs

3. 浅裂缝检测

表 3－11－3　浅裂缝检测数据

换能器间距离/mm	声时值/μs	换能器间距离/mm	声时值/μs	换能器间距离/mm	声时值/μs
100		150		200	
250		300		350	
400		450		500	

4. 深裂缝检测

表 3－11－4　深裂缝检测数据

编号	换能器深度/mm	声时值/μs	波幅/mm	编号	换能器深度/mm	声时值/μs	波幅/mm
1				2			
3				4			
5				6			
7				8			
9				10			
11				12			

5. 不密实区和空洞检测

表 3-11-5　不密实区和空洞检测数据

测点编号	声时值/μs	波幅/mm	频率/Hz	测距/mm	测点编号	声时值/μs	波幅/mm	频率/Hz	测距/mm
1					2				
3					4				
5					6				
7					8				
9					10				
11					12				
13					14				
15					16				
17					18				
19					20				
21					22				
23					24				
25					26				
27					28				

6.混凝土结合面质量检测

表 3–11–6　混凝土结合面质量检测数据

测点编号	声时值/μs	波幅/mm	频率/Hz	测点编号	声时值/μs	波幅/mm	频率/Hz
1				2			
3				4			
5				6			
7				8			
9				10			
11				12			
13				14			
15				16			
17				18			
19				20			

六、实验数据处理

七、思考题

(1) 超声法可以检测混凝土哪些方面的缺陷,检测这些缺陷的依据是什么?

(2) 简述超声法在数据处理过程中需要注意的事项。

实验十二　钢筋混凝土适(超)筋梁破坏实验

　　　　实验日期：_____　　　组别：_____　　　成绩：_____

一、实验目的和要求

二、实验器材

三、实验前理论计算
1. 破坏荷载计算
　　破坏弯矩 M 约等于不考虑结构安全系数的承载能力，根据《结构设计原理》相应公式计算：

2. 理论应变计算

根据材料力学中关于应变的计算公式：

$$\varepsilon = \frac{My}{EI_z}$$

其中：E——混凝土弹模，取 26×10^9 N/m²；

M——截面处的弯矩；

y——距中性轴（形心轴）的距离；

I_z——抗弯惯性矩。

按上式分别计算各级荷载下各测点处的应变，其计算过程：

由电阻应变片布置点为 Y_i

$$I_z = bh^3/12$$

混凝土弹性模量查表得：$E = 26 \times 10^9$ N/m²，所以

$$R_i =$$

3. 理论挠度值的计算

由材料力学知：复杂荷载作用下某点挠度可以由组成的若干个简单荷载单独形成的挠度叠加而成，而简单荷载产生的挠度可由《材料力学》附表中查得，于是，可以求得此实验中各测点的挠度值。

表 3-12-1 荷载作用下各测点的理论计算值汇总表

工况	试验荷载/kN	应变 με				位移/mm		
		R_1	R_2	R_3	R_4	f_1	f_2	f_3
1								
2								
3								
4								
5								
6								
7								
8								
9								
10								
破坏								

四、实验实施过程
1. 实验加载示意图

2. 实验记录

表 3-12-2　钢筋混凝土梁受力破坏实验记录表

荷载\测点测值		应变记录				位移记录		
		$R_1(\mu\varepsilon)$	$R_2(\mu\varepsilon)$	$R_3(\mu\varepsilon)$	$R_4(\mu\varepsilon)$	f_1/mm	f_2/mm	f_3/mm
P	__kN							
	__kN							
	__kN							
	__kN							
	__kN							
	__kN							
	__kN							
	__kN							
	__kN							
	__kN							
	__kN							
	__kN							
	__kN							
	__kN							
	__kN							
	__kN							
	__kN							
	__kN							
$P_{\max}$	__kN							

3. 破坏裂缝展开示意图（描述裂缝开展变化情况，初步判断该构件破坏形态）

五、实验结果与理论计算结果比较

表 3-12-3 钢筋混凝土矩形梁破坏实验值与理论计算值比较

测点号		实验荷载 测量值	$P=1\%\sim3\%$ __kN	$P=20\%$ __kN	$P=40\%$ __kN	$P=60\%$ __kN	$P=80\%$ __kN	$P=100\%$ __kN	P_{max} __kN
应变 $\mu\varepsilon$	R_1	理论值							
		实验值							
	R_2	理论值							
		实验值							
	R_3	理论值							
		实验值							
	R_4	理论值							
		实验值							
侧移 /mm	f_1	理论值							
		实验值							
	f_2	理论值							
		实验值							
	f_3	理论值							
		实验值							

六、实验分析与体会

绘制荷载-挠度变化曲线（由数据采集仪得到）

荷载-挠度变化曲线

结合上图描述钢筋混凝土柱受力工作阶段及各阶段工作状态，最终判断破坏形态。

七、思考题

（1）在裂缝出现之前跨中应变是否成比例？裂缝出现后跨中应变有何变化，为什么会出现这种情况？

（2）整个实验过程中中和轴变化是如何变化的？

（3）简述适筋梁和超筋梁实验过程中的不同现象，并分析产生差异的原因。

（4）对比理论值与实验值，分析其产生差距的原因。

实验十三　钢筋混凝土柱偏心受压破坏实验

实验日期：_____　　　组别：_____　　　成绩：_____

一、实验目的和要求

二、实验器材

三、实验前理论计算
1. 破坏荷载计算
　　受拉区出现裂缝时的荷载值计算：首先判别大小偏心受压构件，然后根据《结构设计原理》相应公式计算。

2. 理论应变计算

根据材料力学中关于应变的计算公式

$$\varepsilon = \frac{My}{EI_z}$$

式中：E——混凝土弹性模量，取 $26 \times 10^9 \text{ N/m}^2$；

　　　M——截面处的弯矩；

　　　y——距中性轴（形心轴）的距离；

　　　I_z——抗弯惯性矩。

按上式分别计算各级荷载下各测点处的应变，其计算过程为：由电阻应变片布置点为 Y_i

$$I_z = bh^3/12$$

混凝土弹性模量查表得：$E = 26 \times 10^9 \text{ N/m}^2$，所以

$$R_i =$$

3. 侧向位移的计算

这里，侧向位移就是水平侧向挠度，用 f 表示，如图 3-13-1 所示。

由材料力学可以得知：

$$f = W_c = \frac{Ml^2}{8EI} = \frac{e_0 \cdot Nl^2}{8EI}$$

(1) 大偏心情况下的侧向位移：

$$e_0 = b/2 =$$

本试样选用 20 号混凝土，则

$$R = 14.0 \times 10^6 \text{ Pa}$$

所以　　$N = R \times A =$

而　　　$I =$

所以有

$$f = W_c = \frac{Ml^2}{8EI} = \frac{e_0 \cdot Nl^2}{8EI} =$$

(2) 小偏心情况下的侧向位移：

$$e_0 = b/4 =$$

本试样选用 20 号混凝土，则

$$R = 14.0 \times 10^6 \text{ Pa}$$

所以　　$N = R \times A =$

而　　　$I =$

所以有

$$f = W_c = \frac{Ml^2}{8EI} = \frac{e_0 \cdot Nl^2}{8EI} =$$

图 3-13-1

表 3-13-1 荷载作用下各测点的理论计算值汇总表

工况	试验荷载/kN	应变 $\mu\varepsilon$				位移/mm		
		R_1	R_2	R_3	R_4	f_1	f_2	f_3
1								
2								
3								
4								
5								
6								
7								
8								
9								
10								
破坏								

四、实验实施过程

1．实验加载示意图

2. 实验记录

表 3-13-2 钢筋混凝土柱受压破坏实验记录表

荷载	测点 测值	应变记录				位移记录		
		$R_1(\mu\varepsilon)$	$R_2(\mu\varepsilon)$	$R_3(\mu\varepsilon)$	$R_4(\mu\varepsilon)$	f_1/mm	f_2/mm	f_3/mm
P	__kN							
	__kN							
	__kN							
	__kN							
	__kN							
	__kN							
	__kN							
	__kN							
	__kN							
	__kN							
	__kN							
	__kN							
	__kN							
	__kN							
	__kN							
	__kN							
	__kN							
$P_{\max}$	__kN							

3. 破坏裂缝展开示意图(描述裂缝开展变化情况,初步判断该构件破坏形态)

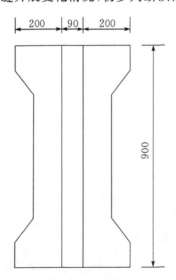

五、实验结果与理论计算结果比较

表 3-13-3 矩形柱偏心受压破坏实验值与理论计算值比较

测点号		实验荷载 测量值	$P=1\%\sim3\%$ __kN	$P=20\%$ __kN	$P=40\%$ __kN	$P=60\%$ __kN	$P=80\%$ __kN	$P=100\%$ __kN	P_{max} __kN
应变 $\mu\varepsilon$	R_1	理论值							
		实验值							
	R_2	理论值							
		实验值							
	R_3	理论值							
		实验值							
	R_4	理论值							
		实验值							
侧移 /mm	f_1	理论值							
		实验值							
	f_2	理论值							
		实验值							
	f_3	理论值							
		实验值							

六、实验分析与体会

绘制荷载-挠度变化曲线(由数据采集仪得到)

荷载-挠度变化曲线

结合上图描述钢筋混凝土柱受力工作阶段及各阶段工作状态,最终判断破坏形态。

七、思考题

（1）偏心受压的破坏现象与哪些情况有关？

（2）大、小偏心受压构件破坏形式有何特点？

实验十四　T形梁桥荷载横向分布系数实验

实验日期：_____　　组别：_____　　成绩：_____

一、实验目的和要求

二、实验器材

三、实验内容和步骤

四、实验数据记录
1. 实验桥梁模型尺寸及测点示意图（要求一个立面图，一个断面图）

2. 刚接 T 形梁桥测试数据

表 3－14－1　刚接 T 形梁桥测试数据　　　　　　　　　　（单位：mm）

力值	作用位置	测点位置		第一次			第二次			实验均值
		梁号	位置	初始	加载	残余	初始	加载	残余	
3 kN	1号梁顶跨中	1#	跨中							
			$L/4$							
		2#	跨中							
			$L/4$							
		3#	跨中							
			$L/4$							
		4#	跨中							
			$L/4$							
		5#	跨中							
			$L/4$							
3 kN	2号梁顶跨中	1#	跨中							
			$L/4$							
		2#	跨中							
			$L/4$							
		3#	跨中							
			$L/4$							
		4#	跨中							
			$L/4$							
		5#	跨中							
			$L/4$							
3 kN	3号梁顶跨中	1#	跨中							
			$L/4$							
		2#	跨中							
			$L/4$							
		3#	跨中							
			$L/4$							
		4#	跨中							
			$L/4$							
		5#	跨中							
			$L/4$							

3. 铰接T形梁桥测试数据

表 3-14-2　铰接T形梁桥测试数据　　　　　　　　　　　　(单位:mm)

力值	作用位置	测点位置		第一次			第二次			实验均值
		梁号	位置	初始	加载	残余	初始	加载	残余	
3 kN	1号梁顶跨中	1#	跨中							
			L/4							
		2#	跨中							
			L/4							
		3#	跨中							
			L/4							
		4#	跨中							
			L/4							
		5#	跨中							
			L/4							
3 kN	2号梁顶跨中	1#	跨中							
			L/4							
		2#	跨中							
			L/4							
		3#	跨中							
			L/4							
		4#	跨中							
			L/4							
		5#	跨中							
			L/4							
3 kN	3号梁顶跨中	1#	跨中							
			L/4							
		2#	跨中							
			L/4							
		3#	跨中							
			L/4							
		4#	跨中							
			L/4							
		5#	跨中							
			L/4							

五、实验数据处理(要求:绘制各工况梁体位移影响线,与理论方法计算值比较)

六、思考题
(1) 量测模型几何尺寸、确定模型材料的物理力学性质的目的何在?

(2) 加载前的初始读数与卸载后的残余读数有何用处?其意义是什么?

(3) 为什么实际量测值与理论计算值存在偏差?

实验十五　无铰拱桥模型受力分析实验

实验日期：_____　　组别：_____　　成绩：_____

一、实验目的和要求

二、实验器材

三、实验内容和步骤

四、实验数据记录

1. 实验桥梁模型尺寸及测点示意图（要求两个桥型立面图和各测试断面测点布置图）

2. 测试数据

表 3-15-1 单孔裸拱桥测试数据（工况一）

集中力 $P=$ _____　　　　　　　　　　　　　集中力作用位置：_____

测试项目	测点编号	测点位置	第一次			第二次			实验均值
			初始	加载	残余	初始	加载	残余	
应变 /με	1	拱脚顶面							
	2	拱脚底面							
	3	$L/4$ 跨顶面							
	4	$L/4$ 跨底面							
	5	跨中顶面							
	6	跨中底面							
	7	$3L/4$ 顶面							
	8	$3L/4$ 底面							
	9	拱脚顶面							
	10	拱脚底面							
位移 /mm	11	墩台侧向							
	12	$L/4$ 竖向							
	13	跨中竖向							
	14	$3L/4$ 竖向							
	15	墩台侧向							
异常情况说明									

表 3-15-2 单孔裸拱桥测试数据(工况二)

集中力 P=_____　　　　　　　　　　　　　　　集中力作用位置：_____

测试项目	测点编号	测点位置	第一次			第二次			实验均值
			初始	加载	残余	初始	加载	残余	
应变/με	1	拱脚顶面							
	2	拱脚底面							
	3	$L/4$ 跨顶面							
	4	$L/4$ 跨底面							
	5	跨中顶面							
	6	跨中底面							
	7	$3L/4$ 顶面							
	8	$3L/4$ 底面							
	9	拱脚顶面							
	10	拱脚底面							
位移/mm	11	墩台侧向							
	12	$L/4$ 竖向							
	13	跨中竖向							
	14	$3L/4$ 竖向							
	15	墩台侧向							
异常情况说明									

表 3-15-3 三孔一联拱桥测试数据(工况一)

集中力 $P=$ _____　　　　　　　　　　　　　　　　　　　集中力作用位置：_____

测试项目	测点	测试孔	测点位置	第一次			第二次			实验均值
				初始	加载	残余	初始	加载	残余	
应变 /$\mu\varepsilon$	1	第一孔	拱脚顶面							
	2		拱脚底面							
	3		$L/4$ 跨顶面							
	4		$L/4$ 跨底面							
	5		跨中顶面							
	6		跨中底面							
	7		$3L/4$ 跨顶面							
	8		$3L/4$ 跨底面							
	9		拱脚顶面							
	10		拱脚底面							
	11	第二孔	拱脚顶面							
	12		拱脚底面							
	13		$L/4$ 跨顶面							
	14		$L/4$ 跨底面							
	15		跨中顶面							
	16		跨中底面							
	17		$3L/4$ 跨顶面							
	18		$3L/4$ 跨底面							
	19		拱脚顶面							
	20		拱脚底面							
	21	第三孔	拱脚顶面							
	22		拱脚底面							
	23		$L/4$ 跨顶面							
	24		$L/4$ 跨底面							
	25		跨中顶面							
	26		跨中底面							
	27		$3L/4$ 跨顶面							
	28		$3L/4$ 跨底面							
	29		拱脚顶面							
	30		拱脚底面							

续表

测试项目	测点	测试孔	测点位置	第一次			第二次			实验均值
				初始	加载	残余	初始	加载	残余	
位移/mm	31	第一孔	0#台侧向							
	32		$L/4$ 竖向							
	33		跨中竖向							
	34		$3L/4$ 竖向							
	35	第二孔	1#墩侧向							
	36		$L/4$ 竖向							
	37		跨中竖向							
	38		$3L/4$ 竖向							
	39	第三孔	2#墩侧向							
	40		$L/4$ 竖向							
	41		跨中竖向							
	42		$3L/4$ 竖向							
	43		3#台侧向							
异常情况说明										

表 3-15-4　三孔一联拱桥测试数据(工况二)

集中力 $P=$ _____　　　　　　　　　　集中力作用位置：_____

测试项目	测点	测试孔	测点位置	第一次			第二次			实验均值
				初始	加载	残余	初始	加载	残余	
应变/$\mu\varepsilon$	1	第一孔	拱脚顶面							
	2		拱脚底面							
	3		$L/4$ 跨顶面							
	4		$L/4$ 跨底面							
	5		跨中顶面							
	6		跨中底面							
	7		$3L/4$ 跨顶面							
	8		$3L/4$ 跨底面							
	9		拱脚顶面							
	10		拱脚底面							

续表

测试项目	测点	测试孔	测点位置	第一次			第二次			实验均值
				初始	加载	残余	初始	加载	残余	
应变/$\mu\varepsilon$	11	第二孔	拱脚顶面							
	12		拱脚底面							
	13		$L/4$跨顶面							
	14		$L/4$跨底面							
	15		跨中顶面							
	16		跨中底面							
	17		$3L/4$跨顶面							
	18		$3L/4$跨底面							
	19		拱脚顶面							
	20		拱脚底面							
	21	第三孔	拱脚顶面							
	22		拱脚底面							
	23		$L/4$跨顶面							
	24		$L/4$跨底面							
	25		跨中顶面							
	26		跨中底面							
	27		$3L/4$跨顶面							
	28		$3L/4$跨底面							
	29		拱脚顶面							
	30		拱脚底面							
位移/mm	31	第一孔	0#台侧向							
	32		$L/4$竖向							
	33		跨中竖向							
	34		$3L/4$竖向							
	35	第二孔	1#墩侧向							
	36		$L/4$竖向							
	37		跨中竖向							
	38		$3L/4$竖向							
	39	第三孔	2#墩侧向							
	40		$L/4$竖向							
	41		跨中竖向							
	42		$3L/4$竖向							
	43		3#台侧向							
异常情况说明										

五、实验数据处理与分析(绘制各模型各工况的应力应变分布图和变形图)

六、思考题

(1) 连拱与单拱受力形式有何异同？连拱作用说明什么问题？何种受力应考虑连拱作用？

(2) 集中力在横向变动时,沿桥宽方向的截面内力分布是否均匀变化？板拱理论不考虑荷载横向分布的影响是否合理？

(3) 实验值如何选取？有哪些注意事项？如何判断实验值是否可靠？

实验十六　桥梁结构静力荷载实验

实验日期：_____　　组别：_____　　成绩：_____

一、实验目的和内容

二、实验器材

三、理论分析计算

1. 设计内力计算

2. 实验荷载效应计算

四、实验方案
1. 加载设备

2. 加载卸载过程

3. 加载时间

4. 测点具体布置情况（绘图加文字说明，并解释为何如此布置测点）

5．实验工况

五、实验数据记录
1．桥梁现状检查

表 3-16-1　桥梁现状检查表

检测人员			检测时间		桥位桩号	
桥梁名称			桥长		主跨结构	
部件号	部件名称	缺损位置	缺损状况			
			类型	范围	程度	
1	翼墙、耳墙					
2	锥坡、护坡					
3	桥台及基础					
4	桥墩及基础					
5	地基冲刷					
6	支座					
7	上部主要承重结构					
8	下部一般承重结构					
9	桥面铺装					
10	其他					

2. 温度观测数据

表 3-16-2 温度观测数据表

测点位置	时间	温度	测点位置	时间	温度

3. 应变、挠度观测数据

表 3-16-3　工况一观测数据表

种类	测点号	初读数			加载读数			残余读数		
		第一次	第二次	第三次	第一次	第二次	第三次	第一次	第二次	第三次
应变	1									
	2									
	3									
	4									
	5									
	6									
	7									
	8									
	9									
	10									
	11									
	12									
挠度	13									
	14									
	15									
	16									
	17									
	18									

表 3-16-4 工况二观测数据表

种类	测点号	初读数			加载读数			残余读数		
		第一次	第二次	第三次	第一次	第二次	第三次	第一次	第二次	第三次
应变	1									
	2									
	3									
	4									
	5									
	6									
	7									
	8									
	9									
	10									
	11									
	12									
	13									
	14									
	15									
	16									
	17									
	18									
	19									
	20									
挠度	21									
	22									
	23									
	24									
	25									
	26									
	27									
	28									
	29									
	30									

4. 裂缝观测情况

表 3-16-5 桥梁现状检查表

编号	裂缝位置	裂缝长度/mm	裂缝宽度		
			第一次	第二次	第三次
1					
2					
3					
4					
5					
6					
7					
8					
9					
10					

六、实验数据处理

七、实验结果分析与承载能力评定

八、思考题
(1) 简述桥梁结构静力荷载实验的整个过程。

(2) 实验荷载的大小和加载位置是如何确定的?

(3) 测点的布设需考虑哪些方面因素的影响?

剪切线

学号

姓名

班级

专业

实验十七　桥梁结构基本动力参数测试实验

实验日期:__________　　组别:__________　　成绩:__________

一、实验目的和内容

二、实验原理

三、实验方法及步骤

四、实验数据处理及分析

1. 桥梁竖向一阶频率(采用 Midas 分析软件进行计算)

计算得桥梁竖向一阶频率为______Hz

图 3-17-1　竖向一阶阵型图

2. 时域曲线

通过该时域曲线可以分析结构的实测阻尼比为_____

图 3-17-2　时域曲线图

3. 固有频率

由频域曲线图可知实测竖向一阶频率为_____ Hz

图 3-17-3　频域曲线图

4. 动挠度时程曲线

图 3-17-4　30 km/h 跑车动挠度时程曲线

图 3-17-5 40 km/h 跑车动挠度时程曲线

图 3-17-6 50 km/h 跑车动挠度时程曲线

图 3-17-7 60 km/h 跑车动挠度时程曲线

根据各工况动挠度时程曲线,可计算出各工况实测冲击系数,见下表:

表 3-17-1　冲击系数实测值及理论值比较

实验值(μ)			理论值
车速/(km/h)	实测值	平均值	
30			
40			
50			
60			

五、实验结果总结

六、思考题

(1) 分析实测基频率和冲击系数与计算值产生差异的原因。

(2) 桥梁结构的固有频率和相应的振型有无限多个,为什么本实验只分析一阶频率,而不考虑更高阶的频率?

附表 回弹法测区混凝土强度换算表

| 平均回弹值 R_m | 测区混凝土强度换算值 $f^c_{cu,i}$/MPa |||||||||||||
| | 平均碳化深度值 d_m/mm |||||||||||||
	0	0.5	1.0	1.5	2.0	2.5	3.0	3.5	4.0	4.5	5.0	5.5	≥6
20.0	10.3	10.1											
20.2	10.5	10.3	10.0										
20.4	10.7	10.5	10.2										
20.6	11.0	10.8	10.4	10.1									
20.8	11.2	11.0	10.6	10.3									
21.0	11.4	11.2	10.8	10.5	10.0								
21.2	11.6	11.4	11.0	10.7	10.2								
21.4	11.8	11.6	11.2	10.9	10.4	10.0							
21.6	12.0	11.8	11.4	11.0	10.6	10.2							
21.8	12.3	12.1	11.7	11.3	10.8	10.5	10.1						
22.0	12.5	12.2	11.9	11.5	11.0	10.6	10.2						
22.2	12.7	12.4	12.1	11.7	11.2	10.8	10.4	10.0					
22.4	13.0	12.7	12.4	12.0	11.4	11.0	10.7	10.3	10.0				
22.6	13.2	12.9	12.5	12.1	11.6	11.2	10.8	10.4	10.2				
22.8	13.4	13.1	12.7	12.3	11.8	11.4	11.0	11.6	10.3				
23.0	13.7	13.4	13.0	12.6	12.1	11.6	11.2	10.8	10.5	10.1			
23.2	13.9	13.6	13.2	12.8	12.2	11.8	11.4	11.0	10.7	10.6	10.0		
23.4	14.1	13.8	13.4	13.0	12.4	12.0	11.6	11.2	10.9	10.4	10.2		
23.6	14.4	14.1	13.7	13.2	12.7	12.2	11.8	11.4	11.1	10.7	10.4	10.1	
23.8	14.6	14.3	13.9	13.4	12.8	12.4	12.0	11.5	11.2	10.8	10.5	10.2	
24.0	14.9	14.6	14.2	13.7	13.1	12.7	12.2	11.8	11.5	11.0	10.7	10.4	10.1
24.2	15.1	14.8	14.3	13.9	13.3	12.8	12.4	11.9	11.6	11.2	10.9	10.6	10.3
24.4	15.4	15.1	14.6	14.2	13.6	13.1	12.6	12.2	11.9	11.4	11.1	10.8	10.4
24.6	15.6	15.3	14.8	14.4	13.7	13.3	12.8	12.3	12.0	11.5	11.2	10.9	10.6
24.8	15.9	15.6	15.1	14.6	14.0	13.5	13.0	12.6	12.2	11.8	11.4	11.1	10.7

平均回弹值 R_m	测区混凝土强度换算值 $f^c_{cu,i}$/MPa											
	平均碳化深度值 d_m/mm											
	0	0.5	1.0	1.5	2.0	2.5	3.0	3.5	4.0	4.5	5.0	5.5	≥6
25.0	16.2	15.9	15.4	14.9	14.3	13.8	13.3	12.8	12.5	12.0	11.7	11.3	10.9
25.2	16.4	16.1	15.6	15.1	14.4	13.9	13.4	13.0	12.6	12.1	11.8	11.5	11.0
25.4	16.7	16.4	15.9	15.4	14.7	14.2	13.7	13.2	12.9	12.4	12.0	11.7	11.2
25.6	16.9	16.6	16.1	15.7	14.9	14.4	13.9	13.4	13.0	12.5	12.2	11.8	11.3
25.8	17.2	16.9	16.3	15.8	15.1	14.6	14.1	13.6	13.2	12.7	12.4	12.0	11.5
26.0	17.5	17.2	16.6	16.1	15.4	14.9	14.4	13.8	13.5	13.0	12.6	12.2	11.6
26.2	17.8	17.4	16.9	16.4	15.7	15.1	14.6	14.0	13.7	13.2	12.8	12.4	11.8
26.4	18.0	17.6	17.1	16.6	15.8	15.3	14.8	14.2	13.9	13.3	13.0	12.6	12.0
26.6	18.3	17.9	17.4	16.8	16.1	15.6	15.0	14.4	14.1	13.5	13.2	12.8	12.1
26.8	18.6	18.2	17.7	17.1	16.4	15.8	15.3	14.6	14.3	13.8	13.4	12.9	12.3
27.0	18.9	18.5	18.0	17.4	16.6	16.1	15.5	14.8	14.6	14.0	13.6	13.1	12.4
27.2	19.1	18.7	18.1	17.6	16.8	16.2	15.7	15.0	14.7	14.1	13.8	13.3	12.6
27.4	19.4	19.0	18.4	17.8	17.0	16.4	15.9	15.2	14.9	14.3	14.0	13.4	12.7
27.6	19.7	19.3	18.7	18.0	17.2	16.6	16.1	15.4	15.1	14.5	14.1	13.6	12.9
27.8	20.0	19.6	19.0	18.2	17.4	16.8	16.3	15.6	15.3	14.7	14.2	13.7	13.0
28.0	20.3	19.7	19.2	18.4	17.6	17.0	16.5	15.8	15.4	14.8	14.4	13.9	13.2
28.2	20.6	20.0	19.5	18.6	17.8	17.2	16.7	16.0	15.6	15.0	14.6	14.0	13.3
28.4	20.9	20.3	19.7	18.8	18.0	17.4	16.9	16.2	15.8	15.2	14.8	14.2	13.5
28.6	21.2	20.6	20.0	19.1	18.2	17.6	17.1	16.4	16.0	15.4	15.0	14.3	13.6
28.8	21.5	20.9	20.2	19.4	18.5	17.8	17.3	16.6	16.2	15.6	15.2	14.5	13.8
29.0	21.8	21.1	20.5	19.6	18.7	18.1	17.5	16.8	16.4	15.8	15.4	14.6	13.9
29.2	22.1	21.4	20.8	19.9	19.0	18.3	17.7	17.0	16.6	16.0	15.6	14.8	14.1
29.4	22.4	21.7	21.1	20.2	19.3	18.6	17.9	17.2	16.8	16.2	15.8	15.0	14.2
29.6	22.7	22.0	21.3	20.4	19.5	18.8	18.2	17.5	17.0	16.4	16.0	15.1	14.4
29.8	23.0	22.3	21.6	20.7	19.8	19.1	18.4	17.7	17.2	16.6	16.2	15.3	14.5
30.0	23.3	22.6	21.9	21.0	20.0	19.3	18.6	17.9	17.4	16.8	16.4	15.4	14.7
30.2	23.6	22.9	22.2	21.2	20.3	19.6	18.9	18.2	17.6	17.0	16.6	15.6	14.9
30.4	23.9	23.2	22.5	21.5	20.6	19.8	19.1	18.4	17.8	17.2	16.8	15.8	15.1
30.6	24.3	23.6	22.8	21.9	20.9	20.2	19.4	18.7	18.0	17.5	17.0	16.0	15.2
30.8	24.6	23.9	23.1	22.1	21.2	20.4	19.7	18.9	18.2	17.7	17.2	16.2	15.4

平均回弹值 R_m	测区混凝土强度换算值 $f^c_{cu,i}$/MPa												
	平均碳化深度值 d_m/mm												
	0	0.5	1.0	1.5	2.0	2.5	3.0	3.5	4.0	4.5	5.0	5.5	≥6
31.0	24.9	24.2	23.4	22.4	21.4	20.7	19.9	19.2	18.4	17.9	17.4	16.4	15.5
31.2	25.2	24.4	23.7	22.7	21.7	20.9	20.2	19.4	18.6	18.1	17.6	16.6	15.7
31.4	25.6	24.8	24.1	23.0	22.0	21.2	20.5	19.7	18.9	18.4	17.8	16.9	15.8
31.6	25.9	25.1	24.3	23.3	22.3	21.5	20.7	19.9	19.2	18.6	18.0	17.1	16.0
31.8	26.2	25.4	24.6	23.6	22.5	21.7	21.0	20.2	19.4	18.9	18.2	17.3	16.2
32.0	26.5	25.7	24.9	23.9	22.8	22.0	21.2	20.4	19.6	19.1	18.4	17.5	16.4
32.2	26.9	26.1	25.3	24.2	23.1	22.3	21.5	20.7	19.9	19.4	18.6	17.7	16.6
32.4	27.2	26.4	25.6	24.5	23.4	22.6	21.8	20.9	20.1	19.6	18.8	17.9	16.8
32.6	27.6	26.8	25.9	24.8	23.7	22.9	22.1	20.4	21.3	20.4	19.9	18.1	17.0
32.8	27.9	27.1	26.2	25.1	24.0	23.2	22.3	21.5	20.6	20.1	19.2	18.3	17.2
33.0	28.2	27.4	26.5	25.4	24.3	23.4	22.6	21.7	20.9	20.3	19.4	18.5	17.4
33.2	28.6	27.7	26.8	25.7	24.6	23.7	22.9	22.0	21.2	20.5	19.6	18.7	17.6
33.4	28.9	28.0	27.1	26.0	24.9	24.0	23.1	22.3	21.4	20.7	19.8	18.9	17.8
33.6	29.3	28.4	27.4	26.4	25.2	24.2	23.3	22.6	21.7	20.9	20.0	19.1	18.0
33.8	29.6	28.7	27.7	26.6	25.4	24.4	23.5	22.8	21.9	21.1	20.2	19.3	18.2
34.0	30.0	29.1	28.0	26.8	25.6	24.6	23.7	23.0	22.1	21.3	20.4	19.5	18.3
34.2	30.3	29.4	28.3	27.0	25.8	24.8	23.9	23.2	22.3	21.5	20.6	19.7	18.4
34.4	30.7	29.8	28.6	27.2	26.0	25.0	24.1	23.4	22.5	21.7	20.8	19.8	18.6
34.6	31.1	30.2	28.9	27.4	26.2	25.2	24.3	23.6	22.7	21.9	21.0	20.0	18.8
34.8	31.4	30.5	29.2	27.6	26.4	25.4	24.5	23.8	22.9	22.1	21.2	20.2	19.0
35.0	31.8	30.8	29.6	28.0	26.7	25.8	24.8	24.0	23.2	22.3	21.4	20.4	19.2
35.2	32.1	31.1	29.9	28.2	27.0	26.0	25.0	24.2	23.4	22.5	21.6	20.6	19.4
35.4	32.5	31.5	30.2	28.6	27.3	26.3	25.4	24.4	23.7	22.8	21.8	20.8	19.6
35.6	32.9	30.9	30.6	29.0	27.6	26.6	25.7	24.7	24.0	23.0	22.0	21.0	19.8
35.8	33.3	32.3	31.0	29.3	28.0	27.0	26.0	25.0	24.3	23.3	22.2	21.2	20.0
36.0	33.6	32.6	31.2	29.6	28.2	27.2	26.2	25.2	24.5	23.5	22.4	21.4	20.2
36.2	34.0	33.0	31.6	29.9	28.6	27.5	26.5	25.5	24.8	23.8	22.6	21.6	20.4
36.4	34.4	33.4	32.0	30.3	28.9	27.9	26.8	25.8	25.1	24.1	22.8	21.8	20.6
36.6	34.8	33.8	32.4	30.6	29.2	28.2	27.1	26.1	25.4	24.4	23.0	22.0	20.9
36.8	35.2	34.1	32.7	31.0	29.6	28.5	27.5	26.4	25.7	24.6	23.2	22.2	21.1

附表 回弹法测区混凝土强度换算表

平均回弹值 R_m	测区混凝土强度换算值 $f^c_{cu,i}$/MPa											
	平均碳化深度值 d_m/mm											
	0	0.5	1.0	1.5	2.0	2.5	3.0	3.5	4.0	4.5	5.0	5.5	≥6
37.0	35.5	34.4	33.0	31.2	29.8	28.8	27.7	26.6	25.9	24.8	23.4	22.4	21.3
37.2	35.9	34.8	33.4	31.6	30.2	29.1	28.0	26.9	26.2	25.1	23.7	22.6	21.5
37.4	36.3	35.2	33.8	31.9	30.5	29.4	28.3	27.2	26.5	25.4	24.0	22.9	21.8
37.6	36.7	35.6	34.1	32.3	30.8	29.7	28.6	27.5	26.8	25.7	24.2	23.1	22.0
37.8	37.1	36.0	34.5	32.6	31.2	30.0	28.9	27.8	27.1	26.0	24.5	23.4	22.3
38.0	37.5	36.4	34.9	33.0	31.5	30.3	29.2	28.1	27.4	26.2	24.8	23.6	22.5
38.2	37.9	36.8	35.2	33.4	31.8	30.6	29.5	28.4	27.7	26.5	25.0	23.9	22.7
38.4	38.3	37.2	35.6	33.7	32.1	30.9	29.8	28.7	28.0	26.8	25.3	24.1	23.0
38.6	38.7	37.5	36.0	34.1	32.4	31.2	30.1	29.0	28.3	27.0	25.5	24.4	23.2
38.8	39.1	37.9	36.4	34.4	32.7	31.5	30.4	29.3	28.5	27.2	25.8	24.6	23.5
39.0	39.5	38.2	36.7	34.7	33.0	31.8	30.6	29.6	28.8	27.4	26.0	24.8	23.7
39.2	39.9	38.5	37.0	35.0	33.3	32.1	30.8	29.9	29.0	27.6	26.2	25.0	24.0
39.4	40.3	38.8	37.3	35.3	33.6	32.4	31.0	30.0	29.2	27.8	26.4	25.2	24.2
39.6	40.7	39.1	37.6	35.6	33.9	32.7	31.2	30.2	29.2	28.8	26.6	25.4	24.4
39.8	41.2	39.6	38.0	35.9	34.2	33.0	31.4	30.5	29.7	28.2	26.8	25.6	24.7
40.0	41.6	39.9	38.3	36.2	34.5	33.3	31.7	30.8	30.0	28.4	27.0	25.8	25.0
40.2	42.0	40.3	38.6	36.5	34.8	33.6	32.0	31.1	30.2	28.6	27.3	26.0	25.2
40.4	42.4	40.7	39.0	36.9	35.1	33.9	32.3	31.4	30.5	28.8	27.6	26.2	25.4
40.6	42.8	41.1	39.4	37.2	35.4	34.2	32.6	31.7	30.8	29.1	27.8	26.5	25.7
40.8	43.3	41.6	39.8	37.7	32.7	34.5	32.9	32.0	31.2	29.4	28.1	26.8	26.0
41.0	43.7	42.0	40.2	38.0	36.0	34.8	33.2	32.3	31.5	29.7	28.4	27.1	26.2
41.2	44.1	42.3	40.6	38.4	36.3	35.1	33.5	32.6	31.8	30.0	28.7	27.3	26.5
41.4	44.5	42.7	40.9	38.7	36.6	35.4	33.8	32.9	32.0	30.3	28.9	276	26.7
41.6	45.0	43.2	41.4	39.2	36.9	35.7	34.2	33.3	32.4	30.6	29.2	27.9	27.2
41.8	45.4	43.6	41.4	39.5	37.2	36.0	34.5	33.6	32.7	30.9	29.5	28.1	27.2
42.0	45.9	44.1	42.2	39.9	37.6	36.3	34.9	34.0	33.0	31.2	29.8	28.5	27.5
42.2	46.3	44.4	42.6	40.3	38.0	36.6	35.2	34.3	33.3	31.5	30.1	28.7	27.8
42.4	46.7	44.8	43.0	40.6	38.3	36.9	35.5	34.6	33.6	31.8	30.4	29.0	28.0
42.6	47.2	45.3	43.4	41.1	38.7	37.3	35.9	34.9	34.0	32.1	30.7	29.3	28.3
42.8	47.6	45.7	43.8	41.4	39.0	37.6	36.2	35.2	34.3	32.4	30.9	29.5	28.6

平均回弹值 R_m	测区混凝土强度换算值 $f^c_{cu,i}$/MPa											
	平均碳化深度值 d_m/mm											
	0	0.5	1.0	1.5	2.0	2.5	3.0	3.5	4.0	4.5	5.0	5.5	$\geqslant 6$
43.0	48.1	46.2	44.2	41.8	39.4	28.0	36.6	35.6	34.6	32.7	31.3	29.8	28.9
43.2	48.5	46.6	44.6	42.2	39.8	38.3	36.9	35.9	34.9	33.0	31.5	30.1	29.1
43.4	49.0	47.0	45.1	42.6	40.2	38.7	37.2	36.3	35.3	33.3	31.8	30.4	29.4
43.6	49.4	47.4	45.4	43.0	40.5	39.0	37.5	36.6	35.6	33.6	32.1	30.6	29.6
43.8	49.9	47.9	45.9	43.4	40.9	39.4	37.9	36.9	35.9	33.9	32.4	30.9	29.9
44.0	50.4	48.4	46.4	43.8	41.3	39.8	38.3	37.3	36.3	34.3	32.8	31.2	30.2
44.2	50.8	48.8	46.7	44.2	41.7	40.1	38.6	37.6	36.6	34.5	33.0	31.5	30.5
44.4	51.3	49.2	47.2	44.6	42.1	40.5	39.0	38.0	36.9	34.9	33.3	31.8	30.8
44.6	51.7	49.6	47.6	45.0	42.4	40.8	39.3	38.3	37.2	35.2	33.6	32.1	31.0
44.8	52.2	50.1	48.0	45.4	42.8	41.2	39.7	38.6	37.6	35.5	33.9	32.4	31.3
45.0	52.7	50.6	58.5	45.8	43.2	41.6	40.1	39.0	37.9	35.8	34.4	32.7	31.6
45.2	53.2	51.1	48.9	46.3	43.6	42.0	40.4	39.4	38.3	36.2	34.6	33.0	31.9
45.4	53.6	51.5	49.4	46.6	44.0	42.3	40.7	39.7	38.6	36.4	34.8	33.2	32.2
45.6	54.1	51.9	49.8	47.1	44.4	42.7	41.1	40.0	39.0	36.8	35.2	33.5	32.5
45.8	54.6	52.4	50.2	47.5	44.8	43.1	41.5	40.4	39.3	37.1	35.5	33.9	32.8
46.0	55.0	52.8	50.6	47.9	45.2	43.5	41.9	40.8	39.7	37.5	35.8	34.2	33.1
46.2	55.5	53.3	51.1	48.3	45.5	43.8	42.2	41.1	40.0	37.7	36.1	34.4	33.3
46.4	56.0	53.8	51.5	48.7	45.9	44.2	42.6	41.4	40.3	38.1	36.4	34.7	33.6
46.6	56.5	54.2	52.0	49.2	46.3	44.6	42.9	41.8	40.7	38.4	36.7	35.0	33.9
46.8	57.0	54.5	52.4	49.6	46.7	45.0	43.3	42.2	41.0	38.8	37.0	35.3	34.2
47.0	57.5	55.2	52.9	50.0	47.2	45.2	43.7	42.6	41.4	39.1	37.4	35.6	34.5
47.2	58.0	55.7	53.4	50.5	47.6	45.8	44.1	42.9	41.8	39.4	37.7	36.0	34.8
47.4	58.5	56.2	53.8	50.9	48.0	46.2	44.5	43.3	42.1	39.8	38.0	36.3	35.1
47.6	59.0	56.6	54.3	51.3	48.4	46.6	44.8	43.7	42.5	40.1	38.4	36.6	35.4
47.8	59.5	57.1	54.7	51.8	48.8	47.0	45.2	44.0	42.8	40.5	38.7	36.9	35.7
48.0	60.0	57.6	55.2	52.2	49.2	47.4	45.6	44.4	43.2	40.8	39.0	37.2	36.0
48.2		58.0	55.7	52.6	49.6	47.8	46.0	44.8	43.6	41.1	39.3	37.5	36.3
48.4		58.6	56.1	53.1	50.0	48.2	46.4	45.1	43.9	41.5	39.6	37.8	36.6
48.6		59.0	56.6	53.5	50.4	48.6	46.7	45.5	44.3	41.8	40.0	38.1	36.9
48.8		59.5	57.1	54.0	50.9	49.0	47.1	45.9	44.6	42.2	40.3	38.4	37.2

附表 回弹法测区混凝土强度换算表

平均回弹值 R_m	测区混凝土强度换算值 $f^c_{cu,i}$/MPa 平均碳化深度值 d_m/mm											
	0	0.5	1.0	1.5	2.0	2.5	3.0	3.5	4.0	4.5	5.0	5.5	≥6
49.0	60.0	57.5	54.4	51.3	49.4	47.5	46.2	45.0	42.5	40.6	38.8	37.5
49.2		58.0	54.8	51.7	49.8	47.9	46.6	45.4	42.8	41.0	39.1	37.8
49.4		58.5	55.3	52.1	50.2	48.3	47.1	45.8	43.2	41.3	39.4	38.2
49.6		58.9	55.7	52.5	50.6	48.7	47.4	46.2	43.6	41.7	39.7	38.5
49.8		59.4	56.2	53.3	51.0	49.1	47.8	46.5	43.9	42.0	40.1	38.8
50.0		59.9	56.7	53.4	51.4	49.5	48.2	46.9	44.3	42.3	40.4	39.1
50.2			57.1	53.8	51.9	49.9	48.5	47.2	44.6	42.6	40.7	39.4
50.4			57.6	54.3	52.3	50.3	49.0	47.7	45.0	43.0	41.0	39.7
50.6			58.0	54.7	52.7	50.7	49.4	48.0	45.4	43.4	41.4	40.0
50.8			58.5	55.1	53.1	51.1	49.8	48.4	45.7	43.7	41.7	40.3
51.0			59.0	55.6	53.5	51.5	50.1	48.8	46.1	44.1	42.0	40.7
51.2			59.4	56.0	54.0	51.9	50.5	49.2	46.4	44.4	42.3	41.0
51.4			59.9	56.4	54.4	52.3	50.9	49.6	46.8	44.7	42.7	41.3
51.6				56.9	54.8	52.7	51.3	50.0	47.2	45.1	43.0	41.6
51.8				57.3	55.2	53.1	51.7	50.3	47.5	45.4	43.3	41.8
52.0				57.8	55.7	53.6	52.1	50.7	47.9	45.8	43.7	42.3
52.2				58.2	56.1	54.0	52.5	51.1	48.3	46.2	44.0	42.6
52.4				58.7	56.5	54.4	53.0	51.5	48.7	46.5	44.4	43.0
52.6				59.1	57.0	54.8	53.4	51.9	49.0	46.9	44.7	43.3
52.8				59.6	57.4	55.2	53.8	52.3	49.4	47.3	45.1	43.6
53.0				60.0	57.8	55.6	54.2	52.7	49.8	47.6	45.4	43.9
53.2					58.3	56.1	54.6	53.1	50.2	48.0	45.8	44.3
53.4					58.7	56.5	55.0	53.5	50.5	48.3	46.1	44.6
53.6					59.2	56.9	55.4	53.9	50.9	48.7	46.4	44.9
53.8					59.6	57.3	55.8	54.3	51.3	49.0	46.8	45.3
54.0						57.8	56.3	54.7	51.7	49.4	47.	48.6
54.2						58.2	56.7	55.1	52.1	49.8	47.5	46.0
54.4						58.6	57.1	55.6	52.5	50.2	47.9	46.3
54.6						59.1	57.5	56.0	52.9	50.5	48.2	46.6
54.8						59.5	57.9	56.4	53.2	50.9	58.5	47.0

平均回弹值 R_m	测区混凝土强度换算值 $f_{cu,i}^c$/MPa											
	平均碳化深度值 d_m/mm											
	0	0.5	1.0	1.5	2.0	2.5	3.0	3.5	4.0	4.5	5.0	5.5	≥6
55.0							59.9	58.4	56.8	53.6	51.3	48.9	47.3
55.2								58.8	57.2	54.0	51.6	49.3	47.7
55.4								59.2	57.6	54.4	52.0	49.6	48.0
55.6								59.7	58.0	54.8	52.4	50.0	48.4
55.8									58.5	55.2	52.8	50.3	48.7
56.0									58.9	55.6	53.2	50.7	49.1
56.2									59.3	56.0	53.5	51.1	49.4
56.4									59.7	56.4	53.9	51.4	49.8
56.6										56.8	54.3	51.8	50.1
56.8										57.2	54.7	52.2	50.5
57.0										57.6	55.1	52.5	50.8
57.2										58.0	55.5	52.9	51.2
57.4										58.4	55.9	53.3	51.6
57.6										58.9	56.3	53.7	51.9
57.8										59.3	56.7	54.0	52.3
58.0										59.7	57.0	54.4	52.7
58.2											57.4	54.8	53.0
58.4											57.8	55.2	53.4
58.6											58.2	55.6	53.8
58.8											58.6	55.9	54.1
59.0											59.0	56.3	54.5
59.2											59.4	56.7	54.9
59.4											59.8	57.1	55.2
59.9												57.5	55.6
59.8												57.9	56.0
60.0												58.3	56.4

附表 回弹法测区混凝土强度换算表

参考文献

[1] 章关永. 桥梁结构试验[M]. 2版. 北京:人民交通出版社,2010.
[2] 王建华. 桥涵工程试验检测技术[M]. 2版. 北京:人民交通出版社,2004.
[3] 胡大琳. 桥涵工程试验检测技术[M]. 北京:人民交通出版社,2000.
[4] 张俊平. 桥梁检测[M]. 北京:人民交通出版社,2002.
[5] 刘明. 土木工程结构试验与检测[M]. 北京:人民交通出版社,2008.